海上絲綢之路基本文獻叢書

廣志繹（下）

〔明〕王士性 撰

文物出版社

圖書在版編目（CIP）數據

廣志繹．下 /（明）王士性撰．-- 北京 ：文物出版社，2022.7
（海上絲綢之路基本文獻叢書）
ISBN 978-7-5010-7609-3

Ⅰ．①廣… Ⅱ．①王… Ⅲ．①歷史地理－中國－明代
Ⅳ．①K928.648

中國版本圖書館 CIP 數據核字（2022）第 086700 號

海上絲綢之路基本文獻叢書

廣志繹（下）

撰　　者：〔明〕王士性
策　　劃：盛世博閱（北京）文化有限責任公司

封面設計：鞏榮彪
責任編輯：劉永海
責任印製：王　芳

出版發行：文物出版社
社　　址：北京市東城區東直門内北小街 2 號樓
郵　　編：100007
網　　址：http://www.wenwu.com
經　　銷：新華書店
印　　刷：北京旺都印務有限公司
開　　本：787mm×1092mm　1/16
印　　張：16.25
版　　次：2022 年 7 月第 1 版
印　　次：2022 年 7 月第 1 次印刷
書　　號：ISBN 978-7-5010-7609-3
定　　價：98.00 圓

總緒

海上絲綢之路，一般意義上是指從秦漢至鴉片戰爭前中國與世界進行政治、經濟、文化交流的海上通道，主要分爲經由黄海、東海的海路最終抵達日本列島及朝鮮半島的東海航綫和以徐聞、合浦、廣州、泉州爲起點通往東南亞及印度洋地區的南海航綫。

在中國古代文獻中，最早、最詳細記載『海上絲綢之路』航綫的是東漢班固的《漢書·地理志》，詳細記載了西漢黄門譯長率領應募者入海『齎黄金雜繒而往』之事，書中所出現的地理記載與東南亞地區相關，并與實際的地理狀況基本相符。

東漢後，中國進入魏晉南北朝長達三百多年的分裂割據時期，絲路上的交往也走向低谷。這一時期的絲路交往，以法顯的西行最爲著名。法顯作爲從陸路西行到印度，再由海路回國的第一人，根據親身經歷所寫的《佛國記》（又稱《法顯傳》）一書，詳細介紹了古代中亞和印度、巴基斯坦、斯里蘭卡等地的歷史及風土人情，是瞭解和研究海陸絲綢之路的珍貴歷史資料。

隨着隋唐的統一，中國經濟重心的南移，中國與西方交通以海路爲主，海上絲綢之路進入大發展時期。廣州成爲唐朝最大的海外貿易中心，朝廷設立市舶司，專門管理海外貿易。唐代著名的地理學家賈耽（七三〇～八〇五年）的《皇華四達記》記載了從廣州通往阿拉伯地區的海上交通『廣州通夷道』，詳述了從廣州港出發，經越南、馬來半島、蘇門答臘半島至印度、錫蘭，直至波斯灣沿岸各國的航綫及沿途地區的方位、名稱、島礁、山川、民俗等。譯經大師義净西行求法，將沿途見聞寫成著作《大唐西域求法高僧傳》，詳細記載了海上絲綢之路的發展變化，是我們瞭解絲綢之路不可多得的第一手資料。

宋代的造船技術和航海技術顯著提高，指南針廣泛應用於航海，中國商船的遠航能力大大提升。北宋徐兢的《宣和奉使高麗圖經》詳細記述了船舶製造、海洋地理和往來航綫，是研究宋代海外交通史、中朝友好關係史、中朝經濟文化交流史的重要文獻。南宋趙汝適《諸蕃志》記載，南海有五十三個國家和地區與南宋通商貿易，形成了通往日本、高麗、東南亞、印度、波斯、阿拉伯等地的『海上絲綢之路』。宋代爲了加强商貿往來，於北宋神宗元豐三年（一〇八〇年）頒佈了中國歷史上第一部海洋貿易管理條例《廣州市舶條法》，并稱爲宋代貿易管理的制度範本。

元朝在經濟上採用重商主義政策，鼓勵海外貿易，中國與歐洲的聯繫與交往非常頻繁，其中馬可•波羅、伊本•白圖泰等歐洲旅行家來到中國，留下了大量的旅行記，記録元代海上絲綢之路的盛况。元代的汪大淵兩次出海，撰寫出《島夷志略》一書，記録了二百多個國名和地名，其中不少首次見於中國著録，涉及的地理範圍東至菲律賓群島，西至非洲。這些都反映了元朝時中西經濟文化交流的豐富内容。

明、清政府先後多次實施海禁政策，海上絲綢之路的貿易逐漸衰落。但是從明永樂三年至明宣德八年的二十八年裏，鄭和率船隊七下西洋，先後到達的國家多達三十多個，在進行經貿交流的同時，也極大地促進了中外文化的交流，這些都詳見於《西洋蕃國志》《星槎勝覽》《瀛涯勝覽》等典籍中。

關於海上絲綢之路的文獻記述，除上述官員、學者、求法或傳教高僧以及旅行者的著作外，自《漢書》之後，歷代正史大都列有《地理志》《四夷傳》《西域傳》《外國傳》《蠻夷傳》《屬國傳》等篇章，加上唐宋以來衆多的典制類文獻、地方史志文獻，集中反映了歷代王朝對於周邊部族、政權以及西方世界的認識，都是關於海上絲綢之路的原始史料性文獻。

海上絲綢之路概念的形成，經歷了一個演變的過程。十九世紀七十年代德國地理學家費迪南・馮・李希霍芬（Ferdinad Von Richthofen，一八三三～一九〇五），在其《中國：親身旅行和研究成果》第三卷中首次把輸出中國絲綢的東西陸路稱爲『絲綢之路』。有『歐洲漢學泰斗』之稱的法國漢學家沙畹（Édouard Chavannes，一八六五～一九一八），在其一九〇三年著作的《西突厥史料》中提出『絲路有海陸兩道』，藴涵了海上絲綢之路最初提法。迄今發現最早正式提出『海上絲綢之路』一詞的是日本考古學家三杉隆敏，他在一九六七年出版《中國瓷器之旅：探索海上的絲綢之路》中首次使用『海上絲綢之路』一詞；一九七九年三杉隆敏又出版了《海上絲綢之路》一書，其立意和出發點局限在東西方之間的陶瓷貿易與交流史。

二十世紀八十年代以來，在海外交通史研究中，『海上絲綢之路』一詞逐漸成爲中外學術界廣泛接受的概念。根據姚楠等人研究，饒宗頤先生是華人中最早提出『海上絲綢之路』的人，他的《海道之絲路與昆侖舶》正式提出『海上絲路』的稱謂。選堂先生評價海上絲綢之路是外交、貿易和文化交流作用的通道。此後，大陸學者馮蔚然在一九七八年編寫的《航運史話》中，使用『海上絲綢之路』一詞，這是迄今學界查到的中國大陸最早使用『海上絲綢之路』的人，更多地限於航海活動領域的考察。一九八〇年北京大學陳炎教授提出『海上絲綢之路』研究，并於一九八一年發表《略論海上絲綢之路》一文。他對海上絲綢之路的理解超越以往，且帶有濃厚的愛國主義思想。陳炎教授之後，從事研究海上絲綢之路的學者越來越多，尤其沿海港口城市向聯合國申請海上絲綢之路非物質文化遺産活動，將海上絲綢之路研究推向新高潮。另外，國家把建設『絲綢之路經濟帶』和『二十一世紀海上絲綢之路』作爲對外發展方針，將這一學術課題提升爲國家願景的高度，使海上絲綢之路形成超越學術進入政經層面的熱潮。

與海上絲綢之路學的萬千氣象相對應，海上絲綢之路文獻的整理工作仍顯滯後，遠遠跟不上突飛猛進的研究進展。二〇一八年厦門大學、中山大學等單位聯合發起『海上絲綢之路文獻集成』專案，尚在醖釀當中。我們不揣淺陋，深入調查，廣泛搜集，將有關海上絲綢之路的原始史料文獻和研究文獻，分爲風俗物産、雜史筆記、海防海事、典章檔案等六個類別，彙編成《海上絲綢之路歷史文化叢書》，於二〇二〇年影印出版。此輯面市以來，深受各大圖書館及相關研究者好評。爲讓更多的讀者親近古籍文獻，我們遴選出前編中的菁華，彙編成《海上絲綢之路基本文獻叢書》，以單行本影印出版，以饗讀者，以期爲讀者展現出一幅幅中外經濟文化交流的精美畫卷，爲海上絲綢之路的研究提供歷史借鑒，爲『二十一世紀海上絲綢之路』倡議構想的實踐做好歷史的詮釋和注脚，從而達到『以史爲鑒』『古爲今用』的目的。

凡例

一、本編注重史料的珍稀性，從《海上絲綢之路歷史文化叢書》中遴選出菁華，擬出版百册單行本。

二、本編所選之文獻，其編纂的年代下限至一九四九年。

三、本編排序無嚴格定式，所選之文獻篇幅以二百餘頁爲宜，以便讀者閱讀使用。

四、本編所選文獻，每種前皆注明版本、著者。

五、本編文獻皆爲影印，原始文本掃描之後經過修復處理，仍存原式，少數文獻由於原始底本欠佳，略有模糊之處，不影響閱讀使用。

六、本編原始底本非一時一地之出版物，原書裝幀、開本多有不同，本書彙編之後，統一爲十六開右翻本。

目録

廣志繹（下）

廣志繹（下）

卷四至雜記

〔明〕王士性　撰

清康熙十五年刻本

廣志繹卷之四

赤城王太初先生著　北平林百朋象鼎
秀州曹秋岳先生定　楊體元香山較

江南諸省

江南地拓自漢武帝其初皆楚羈縻也故楚在春秋戰國間其強甲於海內余嘗至廣右而歎秦皇漢武之功也語具廣遊志中故以次於江北

兩浙東西以江爲界而風俗因之浙西俗繁華人性纖巧雅文物喜飾鞶帨多巨室大豪若家僮千百

者鮮衣怒馬非市井小民之利浙東俗敦朴人性
儉嗇椎魯尚古淳風重節槩鮮富商大賈而其俗
又自分爲三寧紹盛科名逢掖其戚里善借爲外
營又傭書舞文競賈販錐刀之利人大半食於外
金衢武健負氣善訟六郡材官所自出台溫處山
海之民獵山漁海耕農自食賈不出門以視浙西
迥乎上國矣
杭州省會百貨所聚其餘各郡邑所出則湖之絲嘉
之絹紹之茶之酒寧之海錯處之磁嚴之漆衢之

橘温之漆罨金之酒皆以地得名惟吾台少所出然近海海物尚多錯聚乃不能以一最佳者擅名杭嘉湖平原水鄉是爲澤國之民金衢嚴處丘陵險阻是爲山谷之民寧紹台温並山大海是爲海濱之民三民各自爲俗澤國之民舟楫爲居百貨所聚閭閻易於富貴俗尚奢侈縉紳氣勢大而衆庶小山谷之民石氣所鍾猛烈鷙愎輕犯刑法喜習儉素然豪民頗負氣聚黨與而傲縉紳海濱之民飡風宿水百死一生以有海利爲生不甚窮以不

通商販不甚富閭閻與縉紳相安官民得貴賤之
中俗尚居奢儉之半
十一郡城池惟吾台最據險西南二面臨大江西北
巉嵓簝箾插天雖鳥道亦無止東南面平夷又有
大湖深濠故不易攻倭雖數至城下無能爲也此
唐武德間刺史杜伏威所遷李淳風所擇杭城誠
美觀第嚴之薪湖之米聚諸城外居人無隔宿之
儲故不易守陳同父乃謂决西湖之水可以灌杭
州語洩竊辛帥馬而逃西湖雖有閘堰第灌城之

水須江河之流方可湖水無深源洪波灌從何施
同父豪傑議論乃爾爾若六七月之間塞鏡山之
口亦吾台可憂事處州之城登南明山則一目瞭
盡之其地且多礦徒非計也
丁丑年長星之變昏則舒芒數丈拍拍有聲經月不
止說者謂是拖練尾指東南當有兵然此後十餘
年浙中良多故辛壬間羅木營兵變起於月粮留
難毆入督府拉吳中丞出而窘辱之遣張司馬征
未至而又有民變起於編派火夫奸民聚而劫奪

城中燒燬陳都諫等家當事者稍以便宜定之其後青衿士又屢屢不逞如嘉如湖圍撻有司學使者不能制南人向柔脆不能爲此亂萌也雖旋起旋定然亦多故矣說者又謂當有大兵方應然今已二十年即有眚災當遠矣

浙有三石梁南明山石梁蜿蜒臥地鴈蕩石梁斜飛倚天天台石梁則龜脊橫空深壑無底奔雷飛瀑驚目駭魂非修觀遺生者莫能度

杭俗儇巧繁華惡拘檢而樂遊曠大都漸染南渡盤

遊餘習而山川又足以鼓舞之然皆勤劬自食出

其餘以樂殘日男女自五歲以上無無活計者即

縉紳家亦然城中米珠取於湖薪桂取於嚴本地

止以商賈爲業人無擔石之儲然亦不以儲蓄爲

意即輿夫僕隸奔勞終日夜則歸市殽酒夫婦團

醉而後已明則又別爲計故一日不可有病不可

有饑不可有兵有則無自存之策

古者婦人用安車其後以輿轎代之男子雖將相不

過乘車騎馬而已無轎制也陶淵明病足乃以意

用籃輿命門生子弟舁之王荆公告老金陵子姪勸用肩輿荆公謂自古王公貴人無道者多矣未有以人代畜者人轎自宋南渡始故今俗惟杭最多最善豈其遺耶

遊觀雖非朴俗然西湖業已爲遊地則細民所藉爲利日不止千金有司時禁之固以易俗但漁者舟者戲者市者酤者咸失其本業反不便於此輩也

杭城北湖州市南浙江驛咸延袤十里井屋鱗次煙火數十萬家非獨城中居民也又如寧紹人什七

在外不知何以生齒繁多如此而河北郡邑乃有數十里無聚落即一邑之衆尚不及杭城南北市驛之半者豈天運地脉旋轉有時盛衰不能相一耶

官哥二窯宋時燒之鳳凰山下紫口鐵脚今其泥盡故此物不再得間有能補舊窯者如一爐耳碎覓他巳毀官窰之罷搗篩成粉塑而附之以爛泥別塗爐身止留此耳入火遂相傳合亦巧手也近惟處之龍泉盛行然亦惟舊者質光潤而色葱翠非

獨摩弄之久亦其製造之工也新者色顯質鶸火
氣外凝殊遠清賞
嘉興濱海地窪海潮入則沒之故平湖海鹽諸處舊
有捍海塘之築此非獨室廬畎畝民命所係即其
約束諸水出於黃浦則嘉禾全郡一滴不洩宜其
聲名文物甲於東南
浙十一郡惟湖最富蓋嘉湖澤國商賈舟航易通各
省而湖多一蠶是每年兩有秋也閭閻既得過則
武斷奇贏收子母息者益易爲力故勢家大者產

百萬夾者半之亦埒封君其俗皆鄉居大抵嘉禾

俗近姑蘇湖俗近松江縉紳家非奕葉科第富貴

難於長守其俗葢難言之

農爲歲計天下所共也惟湖以蠶蠶月夫婦不共榻

貧富徹夜搬箔攤桑江南用舟船無馬偶有馬者

寄鄰郡親識古人謂原蠶馬之精也彼盛則此衰

官府爲停徵罷訟竣事則官賦私負咸取足焉是

年蠶事耗即有秋亦告匱故絲綿之多之精甲天

下

寧紹之間地高下偏頗水陡不成河昔人築三數壩蓄之每壩高五六尺舟過者俱繫組於尾榜人以機輪曳而上下之過乾石以度亦他處所無也度剡川而西北則河水平流兩岸樹木交蔭蓮荇菱芡浮水面不絕魚梁罾笱家家門前懸掛之舟行以夜不避雨雪月明如晝昔人謂行山陰道上如在鏡中良然又云秋冬之際殆難爲懷

紹興金華二郡人多壯遊在外如山陰會稽餘姚生齒繁多本處室廬田土半不足供其儇巧敏捷者

入都爲胥辦自九卿至閒曹細局無非越人次者
與販爲商賈故都門西南一隅三邑人蓋櫛而比
矣東陽義烏永康武義萬山之中其人鷙悍飛揚
不樂畝畝島爇亂後此數邑人多以白衣而至横
玉掛印次亦立致千金故九塞五嶺滿地浙兵島
冦亦輒畏之得南人之用其後遂驕恣黠猾越檢
制人召之難服散之難銷往往得失相半
紹興城市一街則有一河鄉村半里一里亦然水道
如棋局布列此非天造地設也或云漕渠增一支

河月河動費官帑數十萬而當時疏鑿之時何以用得如許民力不竭余曰不然此本澤國其初只漫水稍有漲成沙洲處則聚居之故曰菰蘆中人久之居者或運泥土平基或作圩岸溝瀆種藝或浚浦港行舟往來日久非一時人衆非一力故河道漸成甃砌漸起橋梁街市漸飾卽嘉湖諸處意必皆然今淮陽青艸邵伯諸湖安知異世不如是又安知越中他日不再爲谷昔[redacted]太湖乾中露出石街屋址可類推矣

會稽禹穴窆石陷入石中上鋭下豐可動而不可起眞神異也或者禹葬衣冠之所又謂生而藏秘圖者太史公云上會稽探禹穴明謂此無疑楊用修强以石紐村當之石紐乃太禹所生會稽則其所葬彼禹穴二字遷後人所作也

王右軍捨宅爲戒珠寺賀季眞捨宅爲千秋觀皆在會稽古人多有然者王摩詰亦捨輞川爲寺

三江口乃紹興守湯紹恩所造鎖一郡之水外以阻海潮之入內以洩諸水之出旱則閉潦則啓深裨

益於地方兼亦堪輿所繫
紹興惰民謂是勝國勳戚國初降下之使不與齊民列其人止爲樂工爲輿夫給事民間婚喪媍女賣私窩侍席行酒與官妓等其旁業止捕鱔釣水雞不敢干他商販其人非不有身手長大眉目姣好與產業殷富者然家雖千金閭里亦不與之締婚此種自相爲嫁娶將及萬人即乞人亦凌虐之謂我貧民非似爾惰民也余天台官堂亦有此種四民諸生皆得役而詈之撻之不敢較較則爲良賤

相毆愚嘗爲嘆息之謂人生不幸爲惰民子孫眞
使英雄無用武之地
補陀大士道場亦防汎之地在海岸孤絕與候濤山
隔旦晩兩潮近日香火頓興飛樓傑閣㠔然勝地
春時進香人以巨萬計捨貲如山一步一拜卽婦
女亦多渡海而往者俗傳洋裡蓮花洞中燈火與
魚藍鷃烏倏忽雲端雖不可盡信然就近日龍二
守之囈語要不可謂無鬼物其間是亦神道顯化
難以常理測

寧台溫濱海皆有大島其中都鄙或與城市半或十之三咸大姓聚居國初湯信國奉勅行海懼引倭徙其民市居之約午前遷者爲民午後遷者爲軍至今石欄礎碓磨猶存野雞野犬自飛走者咸當時家畜所遺種也是謂禁田如寧之金堂大榭溫台之玉環大者千頃少者亦五六百南田蛟巉諸島則又次之近縉紳家私告墾於有司李直指天麟疏請公佃充餉蕭中丞恐停倭仍議寢之然觀諸家墾種皆在倭警之後况種者農時蓬厰不敢

列屋而居倭之停否亦不係此邇許中丞撫閩鄭中丞撫山東又有疏開之

明台濱海郡邑乃大海汪洋無限界中人各有張簫繫綱之處只挿一標能自認之丈尺不差蓋魚蝦在水遊走各有路逕闌截津要而捕捉之亦有相去丈尺而饒瘠天淵者東南境界不獨人生齒繁多即海水內魚蝦桅柁終日何可以億兆計若淮北膠東登萊左右便覺魚船有數

浙中惟台一郡連山圍在海外另一乾坤其地東負

海西括蒼山高三十里漸北則爲天姥天台諸山去四明入海南則爲永嘉諸山去鴈蕩入海舟楫不通商賈不行其地止農與漁眼不習上國之奢華故其俗猶朴茂近古其最美者有二余生五十年鄉村向未聞一强盜穿窬則閒有之城市從未見一婦人卽奴隸之婦他往亦必僱募肩輿自蔽耳

道書稱洞天三十六福地七十二惟台得之多臨海南三十里第十九蓋竹洞爲耀寶光之天天台西

五里第六玉京洞爲太上玉淸之天黄巖南十里第二委羽洞爲大有空明之天仙居東南三十里第十括蒼洞爲成德隱元之天福地黄巖有東仙源西仙源天台有靈墟桐栢其他非道書所載者劉阮桃源寒山拾得竈石皇華丹井張紫陽神化處司馬悔橋蔡經宅葛仙翁丹丘智者塔定光石懷榮懷玉肉身自古爲仙佛之林

方正學先生台之寧海故靖難之際吾台正學先生姨與其夫人皆死節而先生門人則盧公元質

林公嘉猷鄭公智又黃巖王公叔英與其夫人仙居盧公逈鄭公子恕弁其二女臨海鄭公華今之八忠則祠五烈未祠又有東湖樵夫自古節義之盛無過此一時者

溫州城中九山分列其一居中謂之九斗城慈蒨可愛其張文忠公宅乃　肅皇所賜第勑將作大匠治之門屏河橋俱擬宮府前代所未有也

鴈蕩一山說者謂宋時海濤衝激泥去石露古無此山也審是則必窪陷地下然後可爾今此山原在

地上或者又謂乾道中伐木者始入見之今左自謝公嶺右自斤竹澗以望奇峯峭壁萬仞參天橫海帆檣百里在目何俟伐木入者始見耶若海濤衝激至鴈蕩之巔温台寧復今日有人第謝康樂守永嘉伐木通道登臨海嶠業已至斤竹澗有詩而亦未入此見與不見又所未曉

台温二郡以所生之人食所產之地稻麥菽粟尚有餘饒寧波齒繁常取足於台閩福齒繁常取給於温皆以風颿過海故台温閉糴則寧福二地遂告

急矣
田土惟蘭谿最踊貴上田七八十金一畝者次亦三
四十劣者亦十金然所賦租饒瘠頗不相遠龍遊
俗亦如之龍遊善賈其所賈多明珠翠羽寶石猫
睛類輕軟物千金之貨只一人自賫京師敗絮僧
鞋蒙茸藍縷假癚巨疽膏藥皆寶珠所藏人無知
者異哉賈也
衢州橘林傍河十數里不絶樹下芟薙如抹花香橘
黄每歲兩度堪賞舟楫過者樂之如過丹陽櫻桃

林

淳安小邑其扉於學宮對云三元及第九世同居郎

煩劇佳麗之邑無能勝之者

浙漁俗傍海網罟隨時弗論每歲一大魚汛在五月

石首發時即今之所稱鯗者寧台溫人相率以巨

艦捕之其魚發於蘇州之洋山以下子故浮水面

每歲三水每水有期每期魚如山排列而至皆有

聲漁師則以篙筒下水聽之魚聲向上則下網下

則不是魚命司之也柁師則夜看星斗日直盤針

平視風濤俯察礁島以避衝就泊是漁師司魚命柁師司人命長年則爲舟主造舟募工每舟二十餘人惟漁師柁師與長年同坐食餘則顧使之犯則箠之至死不以煩有司謂之五十日艸頭天子也舟中牀榻皆繩懸海水鹹計日囷水以食窖鹽以待魚至其地雖聯舟下網有得魚多反懼沒溺而割網以出之者有空網不得隻鱗者每期下三日網有無皆回舟回則抵明之小淅港以賣港舟舳艫相接其上蓋平馳可十里也每舟利者一水

可得二三百金否者貸子母息以歸責畢仍去下二水網三水亦然獲利者鏦金伐鼓入關爲樂不獲者掩面夜歸然十年不獲間一年獲或償十年之費亦有數十年而不得一償者故海上人以此致富亦以此破家此魚俗稱鮝乃吳王所制字食而思其美故用美頭也

浙鹽取暑天海塗晒裂鹹土而掃歸之用海水漉汁煎成行鹽有定界私鹹有令甲然只繩其小者捕兵無私鹽當罰則偷覷小民之肩挑背負者執而

上首功若鄉村巨姓合百餘人執鐵擔爲兵買百餘挑白日魚貫而荷歸之捕兵不惟袖手不敢問且遠避匿蓋此輩崇覓捕兵箠之以洩平日之忿箠死則棄之官府且不敢發也

倭以丁未寇浙始以朱公紈巡撫朱至嚴禁巨家大俠汎海通番者又立鉤連主藏之法以雙檣大艦走倭島互市向導者長嶼人林恭等若干人正典刑于是海上諸大族咸怨少司馬詹榮希分宜指覆猶豫御史周亮遂劾紈擅殺乖方遣給事杜汝

禎就訊之擬閩海道柯喬都司盧鏜死朱懼逮仰藥此浙立巡撫殺巡撫之始也代朱者止王公忬得善政亦以他事死其後張公經論死李公天寵論死胡公宗憲逮繫死十五年間無巡撫得全者至趙公孔昭島寇不來始身名兩全耳

市船司國初置於太倉以近京後移福浙跳絕日本而市船不廢海上利之後夏公言當國因宋素卿宗設仇殺遂罷市船自後番貨爲奸商所籠負至數十萬番乃主貴官以讐商而貴官取負更甚番

人失利乃爲寇貴官則讓有司不禦寇及出師又設計以倜喝番人于是番怒日焚掠一二不逞生儒導翼之而王五峯毛海等遂以華人居近島襲王者衣冠假爲番寇海上無寧歲矣朱公紈嚴禁之驟不得法爲貴官所反陷御史董威乃復請寬海禁是浙倭之亂咸浙人自致之

倭寇浙始丁未止辛酉破黃巖仙居慈谿昌國臨山霩衢石浦青村柞林吳淞諸衞縣圍餘姚海寧上海平湖海鹽台州諸郡縣十五年間督撫踵死藎

前此皆倉卒無備至壬子王公忬始練兵選將得俞大猷湯克寛盧鏜等焚之於補陀擊之于太倉殺蕭顯敗尹鳳浙人始知兵甲寅忬去而代者非人又復蹂躪僅得王江涇之捷丙辰胡公宗憲雄行潤洛始敗之於皂林擊之於梁莊殺徐海擒麻葉降王直毛海峯而譚公綸與戚繼光劉顯相繼至又有白水洋之捷崇明沙之捷浙人始力能勝倭志在殺倭至今稱南兵皆其遺也故論浙中倭功當首祠胡公譚公以及俞湯盧劉戚等而戚功

在閩其方略又出諸將之上似此名將又何可得而抑厄之使憤懣死安得不解壯士之體爲此厲階者誰耶

張公經之逮逮未至而王江涇捷斬獲且數千竟不贖與魏司馬寧夏事同魏猶半出上怒張則全自趙文華陷之也　世廟時張半洲楊魏村曾石塘之死讀其事淚數行下張猶自處稍乖楊曾全無罪　以上浙江

江右江以章貢爲大澤以彭蠡爲潤十三郡水皆歸

爲總會于九江而出大姑小姑二山擱扼之此山川之最勝亦都會之天成也大孤在府城東南湖中小孤在彭澤北百里皆謂其四面洪濤屹然獨聳而俗乃以孤爲姑謂是二女之精江側有彭郎磯遂謂彭郎者小姑壻也歐陽永叔云余過小孤山廟像乃一婦人而敕額爲聖母豈止俚俗之謬耶

江右洞天福地如廬山在南康西北二十里古名南障世傳周武王時匡俗兄弟七人結廬隱於此疊

障九層周五百餘里山有五老峯三石梁竹林寺道書第八洞天虎溪在九江城南晉惠遠在東林送客過此虎輒鳴號一日送道士陸脩靜不覺過溪相與大笑道書以爲七十二福地之一豫章西山乃省會最勝處其勢與廬岳等山在大江之外三十里一名厭原山道書第十二柱寶極眞之天古今仙蹤最多初濟江十里有盤石名石頭津自石頭西行有梅福學仙處名梅嶺嶺之南有葛仙翁煉丹處名葛仙峯峯之上有洪崖先生乘鸞憩

處名鸞岡岡之西有王子控鶴處名鶴嶺嶺之畔有蕭史游處名大蕭小蕭峯亦名蕭仙壇又有水出山椒名吳源高下十堰溉田萬餘頃麻姑山在建昌城西南十里山有五老萬壽等峯麓有桃花源其前第二谷水飛流而下有瀑布二百餘尺世傳麻姑得道其壇有顏魯公書碣道書丹霞小有洞天閣皁山在臨江府六十里山形如閣色如皁相傳漢張道陵晉丁令威葛孝先皆嘗修煉於此山有淩雲峯漱玉泉磨劍池道書第三十三福地

龍虎山在貴溪西南八十里高峯挿雲兩崖對峙若龍虎然漢張良八世孫張道陵修煉之所道書三十二福地也道陵道成去蜀之青城山殺鬼上昇今山中亦有飛昇臺其所遺經籙符章與劒印以授子孫代號天師閱世之後多有靈驗說者謂其印劒之神非子孫道術也縣南亦有鬼谷山鬼谷洞周圍四里有蘇秦臺張儀井亦道書第十五洞天

江右講學之盛始于朱陸二先生鵞湖白鹿興起斯

文本朝則康齋吳先生與弼敬齋胡先生居仁東白張先生元禎一峯羅先生倫各立門墻龍翔鳳起最後陽明先生發良知之說左朱右陸而先生勳名盛在江右古今儒者有體有用無能過之故江右又翕然一以良知爲宗弁髦諸前輩講解其在于今可謂家孔孟而人陽明矣第魚目鼠璞何地無之後之爲陽明之學者江右以吉水安福盱江爲盛盱江獨以廣大爲法門人情厭拘檢而樂縱誕則陽浮慕其名于此而陰用學術于彼者未

有不藉口者也德清許司馬孚遠嘗著論曰國家崇正學國初迄弘正之間人才彬彬當時學者稍滯舊聞不達天德拘固支離容或所不免故江門姚江之學相繼而興江門以靜養爲務姚江以良知爲宗其要使人反求而得諸本心而後達於人倫事物之際補偏救弊其旨歸與宋儒未遠也江門之派至增城而浸晦姚江之派復分爲三吉州僅守其傳淮南亢而高之山陰圓而通之而亢與圓者又各有其流弊顏梁之徒本于亢而流于肆

盱江之學出于亢而入于圜其後姚安者出合圜與肆而縱横其間始于惟僻卒于悖亂葢學之大變也德清會守盱江其言當不謬

江浙閩三處人稠地狹總之不足以當中原之一省故身不有技則口不糊足不出外則技不售惟江右尤甚而其士商工賈談天懸河又人人辨足以濟之又其出也能不事子母本徒張空拳以籠百務虛往實歸如堪輿星相醫卜輪輿梓匠之類非有鹽商木客筐絲聚寶之業也故作客莫如江右

而江右又莫如撫州余備兵瀾滄視雲南全省撫人居什之五六初猶以爲商販止城市也既而察之土府土州凡僰玀不能自致于有司者鄉村間徵輸里役無非撫人爲之矣然猶以爲內地也及遣人撫緬取其途經酋長姓名回自永昌以至緬莽地經萬里行閱兩月雖異域怪族但有一聚落其酋長頭目無非撫人爲之矣所不外游而安家食俗淳朴而易治者獨廣信耳

江右俗力本務嗇其性習勤儉而安簡朴蓋爲齒繁

土瘠其人皆有愁苦之思焉又其俗善積蓄技業人歸計妻孥幾口之家歲用榖菽幾多解槖中裝糴入之必取足費家無囷廩則牀頭瓶罌無非菽粟者餘則以治縫浣了徵輸絕不作鮮衣怒馬燕宴戲劇之用即囊無貲斧者且暫逋親鄰計足糊家人口則十餘日而男子又告行矣以故大荒無飢民遊子無內顧葢憂生務本俗之至美是猶有蟋蟀流火之風焉若中原人歲餘十斛粟則買一舟乘之不則醵飲而賭且淫焉不盡不已也

江右俗以門第爲重其列版籍以國初黃冊爲準其坊廂鄉都里長咸用古冊內祖宗舊名子孫頂其役不易其名也家雖貧窮積逋甚然尚有丁在則必百方勉力衆擎之不肯以里排長與他家與則恐他人侮且笑之其新發產殷富之家縱貧者不敢遜讓余台亦有此俗然下鄉近海則然上鄉山居者則否

江右素稱治安之區正德六年諸郡縣盜賊蜂起贛州南安有華林寨碼硝寨賊其後撫州有東鄉賊

饒州有姚源洞賊其始行劫村落官府捕之急遂竄匿山谷據險立寨其渠魁姓名不甚著公移止稱其地賊官兵討之不定撫之不從贛賊執叅政趙士賢華林賊攻破瑞州江右大震事聞命都御史陳金總戎務檄憲副周憲討華林賊兵敗死之乃檄田州等府狼兵協諸路官兵進勦其土酋岑猛等多驕橫無節制金姑息之又檄按察使王秩知府李承勲同勦勦招降賊黄奇置麾下以討破華林賊遂移兵擊瑪瑙東鄉皆平之惟桃源尚猖

獗然見諸寨平又畏狼兵悍遂乞降後復叛入徽
衢等處金復督兵追襲浙東兵夾擊之乃平大都
江西之盜始終以招撫爲害云
乾一坤二離三震四之類俗稱乳名江右無一家一
人而非是者然用以記行第聯族屬次長幼之序
最佳至於書券治訟自有正名亦故不用而常用
此不知其解故直指讞獄惟江右爲難爰書中皆
此等姓名其重辟大盜連篇累牘者視前則混後
據後則失前且不獨一牘也又有他人他事亦與

此同名類姓者甚不便于簡閱亡當也
鐵柱宮乃旌陽許眞君鎖蛟處也旌陽棄官歸豫章視其地爲浮洲蛟螭所穴乃以神術覓蛟精於太守宮中誅逐之入此井中鑄鐵爲柱下施八索鉤鎖地脉以屏水妖誓曰鑄柱繫紅舟萬年永不休後有與謀者終身不到頭又曰天下大亂此處無憂天下大旱此處薄收其井水黑色深莫測與江水相消長余以四月過之泥淖漲與地平眞人又謂贛江百怪叢居慮爲後害復鑄鐵柱二十在子

城南亦以鐵索縻之永鎮蛟蜃然江右所稱蛟跡非一如豐城城東西有二蛟穴其中積水四時不竭舊傳蛟精常蟄於此旌陽以符咒逐之饒州城南江中有蛟穴五日鄉人于此競渡俗稱懷蛟水都昌縣有蛇骨洲晉永嘉中長蛇二十餘丈斷道吸人旌陽殺蛇聚骨成洲縣北亦有旌陽磨劒池奉新縣有鎮蛟石在延眞觀內亦舊傳旌陽逐蛟入穴以巨石書符壓之今石碣尚存其地亦有旌陽試劒石寧州東隔水一里有磨劒池亦旌陽逐

蛟處建昌縣有七靖井其地黄龍山有蛟爲淵輒作洪水旌陽擒之釘于石壁法北斗穿七井鎮之曰海昏之地府屬當陽南昌之州龍安之埸上繚艾縣古城之岡地連蛇穴尋截川江占其地土防民之殃于今立靖萬古吉祥

龍沙在豫章城北江水之濱白沙湧起堆阜高峻其形如龍俗爲重九登高處舊有讖云龍沙高過城江南出聖人今沙過城十餘年矣昔許旌陽斬蛟蛟子逸去散遊鄱湖弟子請悉誅之旌陽曰吾去

後一千一百二十[illegible]年歲在三丙五陵之內當有八百地仙出自能誅之毋勞今日盡也今正當三丙間去其歲不及二十年又有龍沙之應曇陽子記亦云五陵爲教主古月一孤峯意其所謂聖人者神仙之流與

滕王閣府城西章江門城上其故址也西臨大江唐高祖子元嬰都督洪州閣成命至封滕王故以名後閣伯嶼重修因九日宴賓客欲誇其壻吳子章之文令夙構之時王勃省父至馬當去南昌七百

里水神告之故且助以風一夕而至預會閣請諸賔序之皆辭且及章勃乃不辭而賦閻不悅令吏給筆札候之得句輒報至落霞孤鶩歎曰此天才也後又有王緒爲賦王仲舒爲記故韓退之稱三王之文

徐孺子祠在東湖小洲上記云章水經南昌城西歷白社其西有孺子墓又北歷南塘其東爲東湖湖南小洲上有孺子宅號孺子臺吳太守徐熙于墓隧種松太守謝景于墓側立碑晉太守夏侯嵩于

碑旁立思賢亭至拓跋魏時謂之聘君亭今亭尚
存而湖南小洲世不知其嘗爲孺子宅又嘗爲臺
也余爲太守之明年始卽其地結茅爲祠圖孺子
像祠以中牢率州之人拜焉此曾子固筆也蘇雲
卿祠亦在百花洲上以配徐孺子
浮梁景德鎮雄村十里皆火山發焰故其下當有陶
埴應之本朝以宣成二窯爲佳宣窯以青花勝成
窯以五彩宣窯之青眞蘇浡泥青也成窯時皆用
盡故成不及宣宣窯五彩堆垛深厚而成窯用色

淺淡頗成畫意故宣不及成然二窯皆當時殿中畫院人遣畫也世廟經醮壇琖亦爲世珍近則多造濫惡之物惟以制度更變新詭動人大抵輕巧最長古朴盡失然此花白二磁他窯無是徧國中以至海外夷方凡舟車所到無非饒磁也近則饒土入地漸惡多取于祁婺之間婺人造土成磚磨磚作漿澄漿作塊計塊受錢饒人買之以爲磁料

白鹿洞書院在五老峯下始自南唐以李善道爲洞主建學置田以給諸生至宋而大盛與嵩陽石鼓

岳麓爲四大書院葢是晦翁過化之處嵓壁間多遺手澤然其地逼塞蒸濕無夷曠之致惟是松風石溜與五老秀色幽寒動人云白鹿者唐李勃與兄涉俱隱洞中養白鹿以自娛至今間有見者

康郎山忠臣三十五人南昌忠臣十四人乃國初與陳友諒决戰于江西者其在鄱湖紀信誑楚冠服投江則韓成之力在南昌晝夜廵城伏弩殞命則趙德勝爲上是舉也本朝之王業定矣友諒既死則士誠輩皆棲息餘魂耳然友諒既據九江武昌

不能西向掃清中原以據上游而徒東與吳仇且戀戀以南昌九江是亟宜其死也

贛州贛水乃章貢二水合名也章水源出南安聶都山流府城西貢水源出汀州新樂山流府城東皆環城而北合于一又北流過萬安其地怪石崚嶒喧流泙湃有十八灘古稱險阨敗舟余携家過心危之至則見安流耳豈余度險之多故耶吉州惶恐諸灘又不在十八灘之列

南贛稱虔鎮在四省萬山之中轄府九汀漳惠潮南

韶南贛吉州一郴縣六十五即諸郡之邑也衛七贛州潮州碣石惠州汀州漳州鎮江衛所官一百六十四員軍二萬八千七百餘名寨隘二百五十六處專防山洞之寇也正嘉之間時作不靖近稱寧謐要在處置得宜爾

大庾嶺南龍之幹而水分南海東海之流者也梅福爲南昌尉其後隱居于此故又稱梅嶺後人亦因而種梅其間道路險狹今爲張曲江所鑿而開者江廣百貨所由地

吉安夙稱節義之鄉，然至宋而盛。其祠有四忠一節，祀歐陽文忠修、楊忠襄邦乂、胡忠簡銓、周文忠必大、江文節萬里。其後有文信國天祥、[illegible]侍郎灝，又有太學王炎午、布衣劉子俊、彭震龍、劉自昭、張雲，皆信國門客，始終以死報信國者。至本朝靖難，又有周紀善是修、曾御史鳳韶、魏御史冕、王編修艮、顏沛縣伯瑋、王教諭省、鄒大理瑾、彭大理與明八人，良非他處所及。余台靖難時亦有八忠。

樟樹鎮在豐城、清江之間，烟火數萬家，江廣百貨往

來與南北藥材所聚足稱雄鎮

武寧有所謂常州亥者初不知何謂問之乃市名古人日中爲市今吳越中皆稱市猶古語也河南謂市曰集以衆所聚也嶺南又謂市曰虛以不常會多虛日也西蜀又謂市曰痎如瘧疾間而復作也江南惡以痎名止稱亥又可捧腹

射蛟浦在湖口縣西南一名黃牛洑昔漢武帝欲登南岳以道阻江漢望祭灊山浮江泛舟親射蛟于潯陽江中獲之此自英雄大略之主敢作敢爲之

事意到即行無人敢誘之亦無人能止之者若後
世即無此等事
奉新有樟柳神者假託九天元女之術俗名耳報乃
其地有此樹人取樹刻兒形而傳事之其初乃章
柳二家子死共埋于樹下久之其樹顯靈兒形以
一手掩耳貫以針煉以符咒數以四十九日耳邊
傳言則去其針其神乃小兒故不忌淫穢不諱尊
親不明禮法隨事隨報然亦不能及遠亦不甚知
來其術煉之有用萬家土萬人路者土謂燕窠路

謂橋板取伴其神裹之驗最速若用金銀諸物者則皆糞以賍賺而去非實也其神之依人則任其爲盜而亦聽之故是兒神不明禮法近見一二縉紳亦有事此神以談幽弔詭者最可笑

江湖社伯到處有祀蕭公晏公者其神皆生于江右蕭公諱伯軒麗眉美髯白晳生而剛正善善惡惡里閭咸質之沒于宋咸淳間遂爲神附童子言禍福鄉人立廟于新淦縣之大洋洲洪武初嘗遣官諭祭晏公名戍仔亦臨江府之靖江鎮人也濃眉

虬髯面如黑漆生而疾惡太甚元初以人材應選入爲文錦局堂長因疾歸登舟遂奄然而逝鄉人先見其騶從歸一月訃至開棺無所有立廟祀之亦云本朝封平浪侯 以上江西

湖廣在春秋戰國間稱六千里大楚跨淮汝而北之將及河本朝分省亦惟楚爲大其轄至十五郡如鄖之房竹山荆之歸巴東與施永偏橋清浪等衛所動數千里入省踰月文移之往復輿情之緩急皆所不便而辰永督學屢合屢分鄖沅開府或罷

或與黎平生儒此考彼試種種非一況貴竹粵西兩省雜以猺獞彝苗主以衛所間以土酋咸不成省院司以官至者人我咸鄙夷之謂當以辰州沅州靖州分屬貴陽永州寶慶郴州分屬粵西則十三省大小適均民彝事體俱便

三湘總之一湘江也其源始海陽而北入洞庭其流過永而瀟水入之是謂瀟湘過衡而蒸水入之是謂蒸湘過常而沅水入之是謂沅湘湘江其初最清百尺而毛髮可鑑比會衆流下洞庭始濁湘君

湘夫人古今以堯女舜妃當之唐人用以爲愁思之詩然計舜三十登庸釐降二女于潙汭卽年二十而舜以百十歲崩蒼梧二女亦皆百歲人矣黃陵啼鵑湘妃竹淚至今以爲口實可笑也

禹貢九江孔殷釋之者云卽洞庭也沅漸元辰溆酉豐資湘九水皆合于此故名九江又九江沅資湘最大皆自南而入荆江自北而過洞庭瀦其間名五瀦戰國策云秦與荆戰大破之取洞庭五瀦是也每歲六七月間岷峨雪消江水暴漲自荆江逆

入洞庭淸流爲之改色

楚有四樓仲宣樓在當陽城上倚曲沮夾淸漳今荆州城上樓乃五代高季興建望沙樓故址也宋陳堯咨更今名晴川樓南對黃鶴從武昌望之佳黃鶴以製勝如蓮瓣垂垂洲渚掩映岳陽以境勝八百里洞庭一髮君山眼界奇絕總之岳陽爲上黃鶴次之晴川仲宣又次之

武當謂山阜高大非元武不足以當之今其巨坂造天危巒逼漢艮然然自天柱而外別無奇詭之觀

徒土木之偉麗爾當　文皇造五宮時用南五省之賦作之十四年而成此殆不可以萬萬計者當時勝國府庫積蓄既多而五嶺九邊咸無兵餉歲例之費今日國家財力何能爾爾

志稱黃鶴樓在府城西南隅黃鶴磯上世傳仙人子安乘黃鶴過此又云費文禕登仙駕黃鶴返憩于此唐閻伯程作記以文禕事爲信或者又引梁任昉記謂駕黃鶴之賓乃荀瓌字叔禕非文禕也宋張栻亦辯其非

洞庭水淺止是面濶括風驚濤軟浪帆檣易覆故人多畏之湖中有數蛟有喜食糟粕者遇舟中携糟物過出而奪之有喜食硃砂者遇舟中携硃砂過出而奪之奪則濤與浪起或危舟楫齎此物者或重褁以犬羊之韉余以端午過洞庭風浪大作時兒女或以硃砂塗耳鼻者舟人亦請棄之余笑謂老蛟乃竊此分文之餘乎已而風息類藉口如是

洞庭水漲延袤八百里盜賊竊發乃于岳州立上江防兵備轄三哨官兵逌治之上哨自岳州府南津

港至長沙湘陰縣哨約三百餘里南接蒼梧北達荊郢東會漢沔爲洞庭左臂哨內小巡把總一哨官鹿角磊石穴子湘陰哨四巡簡鹿角營田各一信地兵船自府五里至南津港五里荊埠港十五里河公廟二十五里新墻河口十五里萬石湖六里鹿角二十五里啄鈎嘴二十五里磊石十五里鯽魚夾十五里青草港十里顏公埠十五里穴子哨十五里白魚圻十五里營田司二十五里大頭寨五里橫嶺十五里蘆林潭水退各船分移于扁山高沙洲沉沙港蘆林潭等地中哨自君山後湖至

常德傳家圻三百六十餘里西北通巫峽西抵辰沅東南極瀟湘爲洞庭右臂哨內小巡把總一哨官明山一巡簡古樓一信地兵船自君山後湖五十里蓼荆灣過洞庭大湖至昌蒲台五十里昌蒲台內七十里石門山迤西六十里白茆磯迤北十五里傳家圻自昌蒲外迤東八十里團山二十里吉山十五里古樓三十里明山水退分移布袋口洞庭夾白水夾上下井灘等信地下哨長江一帶自岳州至嘉魚界墩子口約三百餘里南吞七澤北迎湘郢東聯潯黃

西接三巴爲洞庭咽喉哨內小巡百戶一哨官茅埠竹林各一巡簡黃家尾子城陵白螺鴨欄茅鎮石須共七信地兵船過江北岸四十里尾子灣二十里藤茹湖十五里鹽船滄二十五里楊圻腦二十里黃家穴六十里上茅灣六十里西江嘴西岸流水口四十里白螺磯三十里楊林山二十里白螺山三十里王家保二十五里新堤口十里茅埠鎮三十里烏林磯十五里竹林灣十五里杜家洲五里紀家洲東岸城陵司五里團山磯十五里象骨港二十里道人磯三十里青江口十五里高家墩三十里石

頭口十五里六溪口十五里丘公灣十里墩子口十里嘉魚縣此萬曆乙酉馮仁軒露備兵岳州時刻圖

古今譚形勝者皆云關中爲上荊襄爲次建康爲下以今形勝則襄陽似與建康對峙者建康東南皆山西北皆水襄陽西南皆山東北皆水以勢則襄山據險而建山無險以勝則江水逆來而漢水順去故論荊襄則襄不及荊其規模大而要害攬也荊州面施黔背襄漢西控巴峽東連鄢郢環列重山襟帶大江據上游之雄介重湖之尾爲四集之

地蜀漢據而失之驍將既折重地授人僻在一偏不卜而知其王業之難成也

江陵作相九列公卿半緊楚人如呂相國調陽方司馬逢時李司空幼滋曾司空省吾劉司寇一儒王少宰篆謝司徒鵬舉陳宗伯思育汪冢宰宗伊各據要路其後吳相繼之則許相國國王相國錫爵徐宗伯學謨姜宗伯寶顧司馬章志方司徒弘靜王司寇世貞王御史大夫樵趙少宰用賢程司徒嗣功顧司馬養謙今則豫章漸盛衷御史大夫貞

吉蔡冢宰國珍徐司空作鄧少宰以讚范宗伯謙董司空裕雖其間彈冠引兌賢不肖人人殊然偶一辛執起則公卿相隨而出亦關此方氣運地脉一時之盛也

襄陽夙稱多耆舊古蹟余曾有弔襄文如大堤古築之以捍漢水者也後遂爲游樂之地男女蹋歌樂府有大堤曲曰漢水横襄陽花開大堤煖曰大堤諸女兒花艶驚郎目西北二十里隆中山諸葛孔明隱處棗陽有南陽城想所云躬耕南陽卽此非

宛中之南陽也城南峴山羊叔子所登而嘆其云自有宇宙便有茲山由來賢哲登此者多矣而皆湮沒無聞此語千古悲咽祜沒襄人感之爲立碑流涕名峴山墮淚碑山畔習家池後漢習郁依范蠡養魚法穿之謂其子曰必葬我近魚池後山簡鎮襄愛之輒游池上醉而名之曰高陽池詩稱倒著白接䍦酩酊還騎馬者是峴山又有杜甫故宅習池亦有王粲井甫詩云淸思漢水上涼憶峴山巓吾家碑不昧王氏井依然城西十里萬山乃鄭

交甫所見遊女爲解珮處云此山之曲隈也山下有萬山潭晉杜預伐吳勒碑紀功一置萬山之上一置茲潭之下云他日恐深谷爲陵也唐鮑溶詩云襄陽太守沉碑意身後身前幾年事漢江千古未爲陵水底魚龍應識字府西北爲夫人城昔朱序鎮襄陽苻堅圍之序母韓氏謂城西北必壞領百餘婢增築二十丈賊果潰西北衆守新城而退名夫人城東南三十里鹿門山龐德公隱居其上劉景升所過而歎異之者其後居士龐蘊復居之

男女不婚嫁共學無生白日坐化其後孟浩然復
來居之府治西文選樓梁昭明太子聚賢士劉孝
威庾肩吾徐昉江伯操孔敬通惠子悅徐陵王囿
孔樂鮑至等十餘人號高齋學士著文選于此郡
北樊城隔漢江與襄陽對峙周仲山甫所封關羽
圍曹仁于樊城北沔水有斬蛟渚乃襄陽鄧遐揮
劍處人知斬蛟有濟臺周處而不知有遐又有楚
昭王莊王渟于髡黃憲劉表等墓鄢鄀春陵等城
其人又有尹伯奇卞和司馬德操張東之杜審言

皮日休諸人

蘄黄之間近日人文飈發泉湧然士風與古漸遠好習權奇以曠達爲高繩墨爲恥葢有東晉之風焉然其一段精光亦自鏟埋不得毋論士大夫即女郎多有能詩文者如周元孚董夫人輩又毋論詩文近且比丘尼輩出高譚禪理如所云澹然明因自信等余葢于李卓吾八觀音問中畧見之李以菩薩身自任踪跡太奇其與耿司寇以學問相傾不啻剚刃

蘄竹爲器抽削如絲纖巧甲於天下復有蘄艾蘄龜蘄蛇艾則惟荊王府内片地出者佳然不多得蛇與龜皆生于他鄉村蛇則頭有方勝尾有指甲兩目如生自刳腸盤屈而死者可巳大風龜則背有綠毛可辟蠅蟲置之書篋數年不死然多贗者以小龜塗馬矢放陰溝中綠毛自生携出者不久即落也竹則以色瑩者可簟節踈者可笛帶鬚者可杖

赤壁山一統志云在江夏東南九十里唐元和志亦

稱在蒲圻縣西一百二十里北岸烏村與赤壁相對即周瑜焚曹操處圖經乃謂在嘉魚縣西七十里至宋蘇軾又指黃州赤鼻山爲赤壁蓋劉備居樊口進兵逆操遇于赤壁則赤壁當在樊口之上又赤壁初戰操軍不利引次江北則赤壁當在江南今江漢間言赤壁者五漢陽漢川黃州嘉魚江夏惟江夏之說合于史

衡山禹碑唐劉禹錫韓昌黎皆有詩北宋朱晦翁張南軒至衡岳尋訪不獲其後晦翁作韓文考異遂

謂退之詩爲傳聞之誤蓋以耳目所限爲斷也王象之輿地紀勝云禹刻在岣嶁峯又傳在衡山雲密峯昔樵人曾見之自後無有見者宋嘉定中蜀士因樵夫引至其所以紙搨七十二字刻於夔門觀中後俱亡近張季文僉憲自長沙得之云自宋嘉定中何某模于嶽麓書院者斯文顯晦信有神物護持其文承帝曰嗟至寘舞永奔實七十七字云二誤也此見楊用修錄中

九疑山乃南龍大幹行龍之地其峯有九參差互映

望而疑之故名九疑蓋山有九水四水陽流注于南海五水陰流注于洞庭五水者瀟湘舜源水沲水砅水等也九峯謂朱明石城石樓娥皇女英舜源蕭韶桂林杞林大舜陵在其中太史公所謂舜崩蒼梧之野葬于零陵之九疑者是也今不知其處惟于蕭韶峯下立廟祭之秦皇漢武皆以道阻不得過江漢而望祭焉宋置陵戸禁樵採

宜章登舟即古所稱瀧水兩崖咸石頗似巴江以其形似龍然故稱瀧然水小而險最善壞舟不數日

而達廣之韶其勢甚速然僅可用艄艋力不能載十石不若蜀舟之大也韓文公入潮陽由此

永近粤鄉村間稍雜以猺獠之俗男子衣裙曳地婦女裙褌反至膝止露骭跣足不避穢污著草履者其上也首則飾以高髻耳垂大環鑄錫成花滿頭插戴一路舖遞皂快輿夫馬卒之徒皆以婦代男爲之致男女混雜戲劇官不能禁

長沙卑濕賈生賦鵩以死古今一詞余過其地見長沙雖濕非卑而濕也蓋猶在洞庭上流岳渚漢陽

尚在其下安言卑也惟諸郡土皆黑壤而長沙獨
黃土其性粘䆛不滲故濕氣凝聚之深訖洛陽人
故不宜也卑濕之地當以閩廣為最漳泉葬者若
全棺入地則為水所宿番禺江一日兩潮汐至蒼
梧其地下可知
辰州在五溪二酉之間蓋漢五溪蠻地亦曰武陵蠻
謂武陵有五溪雄溪樠溪酉溪潕溪辰溪䫋在今
盧溪縣轄馬伏波所征其稱上潦下濕覘飛鳶跕
跕墮水中思少游語卽此余行其地登水邉石洞

數處咸云伏波避暑洞當時謠云鳥飛不度兮獸不能臨嗟哉武溪何毒霪也由辰溪八十里即大酉云黄帝藏書處黔中他洞皆濕惟大酉獨乾潔遠望洞口石眷亦似橋山小酉在貴竹酉陽

鄖地介河南湖廣陝西四川四省山谷阨塞林箐蒙密既多曠土又有草木可採掘而食自古爲逋流之地國初鄧愈勦除之空其地禁流民不得入天順中歲飢民又徙入不能禁至成化元年亂乃生劉千斤挾石和尚僭號改元遣尚書白圭討平之

未幾餘孽李鬍子又亂再遣項忠忠乃招諭捕發還鄉者百四十萬編戍者萬人然後擊殺李鬍子十二年流民復集都御史李賓恐逐之生亂請因而撫定之使占籍以實襄鄧戶口乃命副都原傑往籍流民得十一萬三千戶遣歸者一萬六千餘願留者籍之改鄖縣爲郡治以開府至今乃安高岱謂項忠之盪定乃一時之功原傑之經略則百世之利

黎平府立于湖廣五開衛之中原爲犬牙相制之意

雖其壤接平溪然彛箐難行其路復出楚中既過沅州則皆楚地復經黔陽會同靖州銅鼓四五百里方至過他省而抵已郡毋論窵遠如事體何又青衿子弟由楚督學選就試方入貴試院舊時貴院于黎平士子有暗記如兩都監生例及乙酉遣京官主考硃卷無識遂至一榜中黎平十人已占貴三之一貴士遂閧然不欲黎士就貴試此于彛情士習官體文移均屬未妥

施州係靖永順正當海內山川土宇之中反爲槃瓠

種類盤踞施州東抵巴東五百里西抵酉陽九百里南抵安定硐北抵石柱司各七百里依稀閩浙全省地而永順東南西北咸徑六百里保靖東西亦五百里南北半之其俗男不裹頭女衣花布親喪打葬就日而埋疾病則擊銅鼓沙鑼以祀鬼神居常則漁獵腥膻刀耕火種爲食不識文字刻木爲契短裙椎髻常帶刀弩爲威其人雜彛獠不可施以漢法故歷代止羈縻之本朝籠以衛所土司有事調之則從征逮之則不至南去爲辰州又南

爲椰慶族皆其種俗亦近之秦漢所稱黔中之地然辰以南慶經征伐其人遂分彝漢彝者統以土司漢者治以有司不若施永之一槩羈縻也然雖漢人漢法之處其城市者衣服言語皆華人而山谷間亦頗雜以猺俗不盡純也

楚中與川中均有採木之役實非楚蜀產也皆產于貴竹深山大壠中耳貴竹乏有司開採故其役耑委楚蜀兩省木非難而採難伐非難而出難木值百金採之亦費百金值千金採之亦費千金上下

山坂大澗深坑根株既長轉動不易遇坑坎處必假他木抓搭鷹架使與山平然後可出一木下山常損數命直至水濱方了山中之事而採取之官風餐露宿日夕山中或止一歲半年及其水行大木有神浮沉遲速多有影響非尋常所可測

天生柟木似耑供殿庭楹棟之用凡木多囷輪盤屈枝葉扶疎非杉柟不能樹樹皆直雖美杉亦皆下豐上銳頂踵殊科惟柟木十數丈餘既高且直又其木下不生枝止到木顛方散榦布葉如撑傘然

根大二丈則頂亦二丈之亞上下相齊不甚大小故生時軀貌雖惡最中大厦尺度之用非殿庭眞不足以盡其材也大者既備官家之採其小者土商用以開板造船載負至吳中則折船板吳中折取以爲他物料力堅理膩質輕性爽不澀斧斤最宜磨琢故近日吳中器具皆用之此名香楠又一種名鬬柏楠亦名豆瓣楠剖削而水磨之片片花紋美者如畫其香特甚爇之亦沉速之次又一種名癭木遍地皆花如織錦然多圓紋濃淡可挹香

又過之此皆聚于辰州或云此一楠也樹高根深入地丈餘其老根旋花則爲癭木其入地一節則爲豆瓣楠其在地上者則爲香楠

楚本澤國最稱多魚淮揚吳越之地未嘗非水鄉然未若長沙武陵之間魚可以澤量者亦地產異也大江上下則有鱘鰉然此魚雖佳而最醜惡如身長五尺則鼻亦四尺餘惟鼻長故口在鼻下如在腰間魚蝦遇輒避苦不得食每仰游開口接而食之今所造鮓硬骨而適口者即鼻肉也而鼻䂸痛

稍觸之則徹骨不禁而魚鼻長又善觸故游必鼻向上尾向下又不敢近岸畏崖石取者探其情極易得之此種爲江魚可網不可畜其鬻種于吳越間者爲鰱魚最易長然不種子或云楚人來鬻者先以油餅餌之令不誕也細者如針千餘頭共一甌盛之在彼無不活者吳越人接手中即以漸死若隨接隨入池中又無不活者入池當夾草魚養之草魚食草鰱則食草魚之矢鰱食矢而近其尾則草魚畏癢而游草游鰱又隨覓之凡魚遊則尾

動定則否故鰱草兩相逐而易肥計然爲十洲三島爲此故草魚亦食馬矢若池邊有馬廐則不必飼草以上湖廣

廣東南越地秦已爲南海郡後龍川令趙佗格命自王漢武始征之其當時兵以四道入衛尉路博德爲伏波將軍出桂陽下湟水以今觀之意湟水也湟在英德縣東南四十里一名洸水又名湟浦源出永州界過陽山下三水與湞合主勺都尉楊僕爲樓船將軍出豫章下橫浦橫浦在今南安此則

過大庾嶺由曲江下湞水入越者也故歸義越侯二人爲戈船下厲將軍出零陵下灕水抵蒼梧即今廣右府江使馳義侯因巴蜀罪人發夜郎兵下牂牁江咸會番禺即今廣右左江從蜀盤江過貴竹跌水此皆灘險不可舟至田州泗城方可進舟先與牂江會于蒼梧東行至三水亦與湞合其云咸會番禺者總之之詞也

廣中稱嶺外者五嶺之外也五嶺釋不同裴氏廣州記云大庾始安臨賀桂陽揭陽鄧德明南康記云

五嶺者臺嶺之嶠五嶺之第一嶺也在大庾騎田之嶠五嶺之第二嶺也在桂陽都龐之嶠五嶺之第三嶺也在九眞萌渚之嶠五嶺之第四嶺也在臨賀越城之嶠五嶺之第五嶺也在始安據此則九眞與揭陽稍殊餘四嶺同乃淮南子又曰始皇利越之犀角象齒翡翠珠璣乃使尉屠睢發卒五十萬爲五軍一軍塞鐔城之嶺一軍守九疑之塞一軍處番禺之都一軍守南野之界一軍結餘干之水鐔城在武林西南接鬱林九疑在零陵番禺

在南海南野餘干在豫章其說又不同若云五嶺地方當如廣州南康二記蓋其所言乃南龍大幹橫過空缺處皆當守寨也淮南云云豈秦王所戍者五嶺其名也而當時調度又不拘拘于此五處耶

廣南所產多珍奇之物如珍則明珠玳瑁珠落蚌胎以圓淨爲貴以重一錢爲寶玳瑁龜形截殼爲片貴白勝黑斑多者非奇出近海郡石則端石英石端溪硯貴色紫潤而眼光明下嵓爲上子石爲奇

英德石色黑綠其峯巒窩竇摺紋扣之有金玉聲以爲窗几之玩香則沉速出黎母山以窨久近爲差花則茉莉素馨此海外香種不耐寒具陸賈南中花木記菓則蕉荔椰窨蕉綠葉丹實其木攢絲食其實而抽其絲爲布荔枝園五月纍纍然色如赤彈肉如團玉或云閩荔甘廣荔酸椰子樹似檳榔葉如鳳尾實如切肪瑑其皮可爲瓢杓樁棬波羅蜜大如斗剖之若蜜其香滿室此產瓊海者佳木則有鐵力花梨紫檀烏木鐵力力堅質重千白

年不壞花梨亞之赤而有紋紫檀力脆而色光潤紋理若犀樹身僅拱把紫檀無香而白檀香此三物多出蒼梧鬱林山中粵西人不知用而東人採之烏木質脆而光理堪小器具出瓊海鳥則有翡翠孔雀鸚鵡鷓鴣鵔鸃潮雞鳥翡翠以羽為婦人飾孔雀食蛇毛膽俱毒最自愛其尾臨河照影目眩投水中鸚鵡紅嘴綠衣不滅川陜有純白者勝之鷓鴣滿山亂啼聲聲行不得哥哥行旅聞之眞堪淚下鵔鸃似山雞以家雞鬬之則可擒其羽光

彩漢以飾侍中冠潮雞似雞而小頸短能候潮而鳴鴆羽些須可殺人止大腹皮樹入藥刮去其糞獸則有潛牛犦牛熊潛牛魚形生高肇江中能上岸與牛鬭角軟則入水濕之堅則復出犦牛出海康項有骨大如覆斗日行三百里熊有似牛似人膽明如鏡亦有蚺蛇膽用與熊異熊治熱毒蚺治杖毒魚之奇而大者有鯨鱷鋸鯌鯨魚吹浪成風兩頭角可數百斛頂上一孔大于甕鱷魚如鯪鯉四足長數丈登涯捕人畜食之鯌魚大盈丈腹有

洞貯水以養其子左右兩洞容四子子朝出暮入宿出從口入從臍鋸魚長二丈則口長當十之三左右齒如鐵鋸生于潮惠爲多其他紅螺白蜆龜脚馬甲蠔蠹等名品甚多不可枚計若夫犀象椒蘇岐南火浣天鵝片腦之類雖聚于廣皆西洋諸國番舶度海外而來者也

俗好以蔞葉嚼檳榔荅無地無時亦無尊長亦無賓客亦無官府在前皆任意食之有問則口含而對不吐不咽竟不知其解也或以炎瘴之鄉無此則

飲食不化然余携病軀入粵入滇前後四載口未能食鎦銖亦生還亡恙也大都瘴鄉惟戒食肉絕房幃卽不食檳榔無害渠土人食者慣耳滇人所食檳榔又與廣異廣似雞心如菓肉滇如羌核似菓殼滇止染灰亦不夾蔞葉蔞一名蒟苗卽蜀人所造蒟醬者也蔓生葉大而厚實似桑椹其苗爲扶留藤人食之唇如抹朱楊萬里云人人藤葉嚼檳榔戶戶茅簷覆土牀

廣中地土低薄炎熱上蒸此乃陽氣盡泄故瓜茄咸

經霜不凋留之閱歲從原榦又開花結子不必再種也結之三兩歲氣盡方枯又得氣早余以五月過端州其地食茄已可兩月矣

南中多榕樹樹最大者長可十丈蔭數畝根出地上亦丈餘臬司分道中一樹根下空洞處可列三桌同僚嘗醵飲其中余叅藩廣右嘗過榕樹門下樹附城而生刳其根空處爲城門也

香山嶴乃諸番旅泊之處海岸去邑二百里陸行而至瓜哇渤泥暹羅眞臘三佛齊諸國俱有之其初

止舟居以貨久不脫稍有一二登陸而拆架者諸番遂漸效之今則高居大廈不減城市聚落萬頭雖其貿易無他心然設有草澤之雄睥睨其間非我族類未必非海上百年之隱憂也番船度海其製極大大者橫五丈高稱之長二十餘丈內爲三層極下鎮以石次居貨次居人上以備敵占風每一舶至報海道檄府倅驗之先截其桅與柁而後入臬若入番江則舟尾可擱城堞上而舟中人俯視城中又番舶有一等人名崑崙奴者俗稱黑鬼

滿身如漆止餘兩眼白耳其人止認其所衣食之主人即主人之親友皆不認也其生死惟主人所命主人或令自刎其首彼即刎不思當刎與不當刎也其性帶刀好殺主人出令其守門即水火至死不去他人稍動其扃鐍則殺之毋論盜也又能善沒以繩繫腰入水取物買之一頭値五六十金

潮州在唐時風氣未開去長安八千里故韓文公以爲瘴癘之地今之潮非昔矣閭閻殷富士女繁華裘馬管絃不減上國然開雲驅鱷潮陽之名猶在

故今猶得借此以處遷客蓋今起萬曆丙戌十載內無邑無之如孫比部如法尉潮陽楊給諫文煥尉海陽陳祠部泰來尉饒平林都諫材尉程鄉高大行攀龍尉揭陽周尚寶弘禴尉澄海劉都諫弘寶尉惠來沈文選㫤期尉大浦周御史玄暐尉平遠皆同時遷客也止普寧一邑無人耳潮國初止領縣四海陽潮陽揭陽程鄉今增設澄海饒平平遠大埔惠來普寧六邑此他郡所無

潮州為閩越地自秦始皇屬南海郡遂隸廣至今以

形勝風俗所宜則隸閩者爲是南幹自九疑來過
大庾嶺至龍南安遠其夾汀與贑夾建寧與建昌
界庾分草而趨草坪者正幹也至龍南不過安遠
即南行接長樂興寧趨海豐入海者分南行一支
也其南支似隔閩于東廣于西故惠州諸邑皆立
于南支萬山之中其水西流入廣城以出則惠眞
廣郡也潮在南支之外又水自入海不流廣且既
在廣界山之外而與汀漳平壤相接又無山川之
限其俗之繁華既與漳同而其語言又與漳泉二

郡通蓋惠作廣音而潮作閩音故曰潮隸閩爲是
羅浮山在惠州博羅縣西北三十里昔傳有山自海
上浮來與羅山合而爲一故稱羅浮道書十大洞
天之一也志稱山高三千六百丈周三百餘里蟠
三十二峯巒岫既秀洞壑復幽峯曰飛雲曰玉鵝
曰麻姑洞曰石臼曰水簾曰朱明曰黃龍曰朱陵
曰黃猿曰蝴蝶其選也大小二石樓登之可望滄
海樓前一石門方廣可容几席二山相接處有石
磴狀如橋梁名曰鐵橋橋端兩石柱人跡罕到

端溪在肇慶江南與羚羊峽對峙山峻壁立下際潮水向以上中下嵒分優劣故硯譜曰石以下嵒爲上中嵒上嵒龍嵒半嵒次之蚌坑下志云嵒石爲上西坑次之後磨爲下今有新舊坑之分舊坑石色青黑溫潤如玉上生石眼有青綠五六暈而中心微黃黃中有黑睛一形似鸜鵒之眼故以名眼多者數十如星斗排連或有白點如粟貯水方見隱隱扣之與墨磨俱無聲爲下嵒之石今則絕無有上岩中岩之石紫者亦如猪肝總有一眼暈少

形大扣之磨之俱有聲卽今之端石是也眼分三種活眼者暈多光瑩淚眼者光昏滯而暈朦朧死眼者雖具眼形內外俱焦黃無暈歐譜唐公曰眼乃石之精如木之節不知者以爲病然古有貢硯無眼者似又不貴眼也又硯錄云眼生于墨池外曰高眼生于池曰低眼高爲貴不知此特匠手之巧耳又有上焉者名子石生大石中唐錄云山有自然員石剖其璞焉謂之子石此最發墨難得歐蘇極重之蚌坑石亦深紫眼黃白微青不正無翳

而翳堅潤不發墨與半岩石相類

南中造屋兩山墻脊高起梁棟上五尺餘如城垛然其內近墻處不葢瓦惟以磚甃成路亦如梯狀余問其故云近海多盜此夜登之以瞭望守禦也

雷州以雷名或曰以在雷水之陽雷水在擎雷山下源出海康縣銅鼓村南流七十里東入于海其初因雷震而得源者也或又以謂地瀕南海雷聲近在簷宇之間及讀雷公廟記則云陳天建初州民陳氏者因獵獲一卵如囊携歸家忽霹靂震之而

生一子有文在手曰雷俗爲雷種後名文玉爲本州刺史有善政殁而以靈顯鄉人廟祀之後觀國史補又云雷州春夏多雷秋日則伏地中其狀如彘人取而食之夫雷霆天之威也雷可食乎以此爲雷是妄之妄也想炎海陽氣所伏藏變爲蠕動之物此造化所不可曉者爾

廉州中國窮處其俗有四民一曰客戶居城郭解漢音業商賈二曰東人雜處鄉村解閩語業耕種三曰俚人深居遠村不解漢語惟耕墾爲活四曰蜑

戶舟居穴處僅同水族亦解漢音以採海爲生郡少耕稼所資珠璣以亥日聚市黎蛋壯稚以荷葉包飯而往謂之趂墟

珠池在合浦東南百里海中有平江青嬰等三數池皆大蚌所生也海水雖茫茫無際而魚蝦蛤蚌其產各有所宜抑水土使然故珍珠舍合浦不生他處其生猶兔之育惟視中秋之月月明則下種多昏暗則少海中毎遇萬里無雲老蚌晒珠之夕海天半壁閃如艷霞咸珠光所照也舊時蛋人採珠

之法舺以長繩繫腰携竹籃入水拾蚌置籃內則振繩令舟人汲上之不幸遇惡魚一線之血浮水上則已葬魚腹矣蚌極老大者張兩翅亦能接人而壞之後多用綱以取則利多害少珠池之盜鳴鑼擊鼓數百十人荷戈以逞有司不敢近然彼以劫掠無賴爲生白手挈蛋人而竊之多少所不論皆其利也若官司開採則得不償失萬金之珠非萬金之費無以致之世宗朝嘗試採之當時藩司所用與內庫所入其數具存可鏡矣盜珠者雖名

曰禁實陰與之與封殖同不則此輩行掠海上無寧居然亦非有司之法所能扞也

瓊州南海中一大島中峙高山周圍乃平壤南彝之性好險阻而不樂平曠故黎人據險先居之在平壤者乃能通中國聲敎則後至而附聚焉者也黎人其先無世代一日雷攝一蛇卵墮山中生一女歲久有交趾蠻過海採香者因與爲婚生子孫此黎人之祖故山名黎母山以有五峯亦名五指山山極高大屹立瓊崖儋萬之間爲四州之望每晝雲霧收斂則

一峯聳翠插天昏時蔽不見舊傳婺女星曾降此
山亦名黎婺山諸黎環居其去省地遠不供賦役
者號生黎畊作省地者號熟黎黎人之外始是州
縣四州各占島之一隅北風揚帆徐開一日而渡
瓊地本東西長南北縮志稱東至海岸五百里西至
海岸四百里不及千里而遙其至海南崖州乃云
一千四百里者中隔黎山由弓背上行也周圍二
千餘里沉速諸香皆出其內沉乃千年枯木土蜂
穴之釀蜜其中不知年代浸透木身故重者見水

而沉不甚沉者未遍也今爇之皆蜜氣盡而烟銷浸而未透者速也得氣而未浸者牙也

蘇子瞻謫海外其自稱爲醉人所推罵自喜不爲人認識雖未必盡然然其言自是胸中脫洒虛舟飄瓦不爲鹯行忤物之致其量移謝表云疾病連年人皆相傳爲已死飢寒并日臣亦自厭其餘生讀之令人悚然

銅柱在欽州分茅嶺之下漢馬伏波立以界欽州安南者或曰柱乃在安南境中援當時誓云銅柱折

交人滅今交人過其下每以石培之遂成丘陵懼
其折也又有古銅鼓蠻人重之今廉欽村落土中
嘗有掘得者亦云伏波所餘 以上廣東

廣志繹卷之五

赤城王太初先生著　林百朋象鼎

秀州曹秋岳先生定　北平楊體元香山較

西南諸省

蜀粤入中國在秦漢間而滇貴之郡縣則自明始也相去雖數千年然皆西南一天爲夔漢錯居之地未盡耀於光明故以次於江南

蜀有五大水入嘉陵江從漢中自北入岷江從松潘自西北入大渡河從西番自西入馬瑚江出雲南

自西南入涪江出貴州自南入總會于瞿塘三峽
向東而出以七百里一線之路當貴滇番漢之流
故江水發時一夜遂高二十丈至灩澦如馬此海
內水口之奇也江行在兩崖間天造地設如鑿成
石峴其狹處謂非亭午不見日月影亦然霜降水涸
僅如溪流自四月至九月石險水深行人不敢渡
爲其湍急舟一觸石則如虀粉蜀舟甚輕薄不輕
又難于旋轉諺云紙船鐵艄工蜀江篙師其點篙
之妙眞百步穿楊不足以喻舟船順流其速如飛

將近崖石處若篙點去稍失尺寸則遲速之頃轉手為難舟遂立碎故百人之命懸於一人上者猶可牽船篾纜名曰火仗長者至百丈人立船頭望山上牽纜人不見止以鑼聲相呼應而已猶幸寡崖無樹木勾罥上者但畏行遲不懼觸石所謂三朝三暮黃牛如故也若火仗一斷則倒流碎石與下無異夏水下川則雖一日江陵真以身為孤注也巫山神女廟宋時范成大謂有神鴉送客余乃未見灩澦實一石遠望之乃似碎石合成者土人

謂其下有三足如鷄足也其年大旱得見之

蜀錦蜀扇蜀杉古今以爲奇產錦一縑五十金厚數分織作工緻然不可以衣服僅充茵褥之用只王宮可非民間所宜也故其製雖存止蜀府中而閭閻不傳扇則爲　朝廷官府取用多近皆濫惡不甚板出建昌其花紋多者名擡山謂可擡而過山也此分兩稍輕尺寸較薄然人以其多紋反愛之有名雙連者老節無文似今土杉然厚濶更優多千百年古木此非放水不可出而水路反出雲南

即今麗江亦即瀘水亦即金沙江道東川烏蒙而下馬湖其水磯洑礁滙奔駛如飛兩岸青山夾行旁無村落其下有所謂萬人嵌者舟過之輒碎溺商人携板過此則刻姓號木上放于下流取之若陷入嵌則不得出矣嵌中材旣滿或十數年爲大水所衝激則盡起下流者競取之以爲橫財不入嵌者亦多爲夾岸彝賊所勾留仍放姓號于下流邀財帛入取之深山大林千百年所伐不盡商販入者每任十數星霜雖僻遠萬里然蘇杭新織種

種文綺吳中貴介未披而彼處先得妖童孌姬比外更勝山珍海錯咸獲先嘗則錢神所聚無脛而致窮荒成市沙磧如春大商緣以忘年小販因之度日至于建人補板其技精絕隨理接縫瞪目爪之莫辨形蹤然余嘗分守右江聞融懷以北彝人有掘地得板厚止寸餘堅重如鐵勝建昌十倍者一片易數金數十家共得之云是孔明征羌歸途過此伐山通道入土年深者余欲覓一蛻乘恐差役緣此爲奸以挾彝人乃寢

川中郡邑如東川芒部烏撒烏蒙四土府亡論卽重慶夔府順慶保寧叙州馬湖諸府嘉眉涪瀘諸州皆立在山椒水濆地無夷曠城皆傾跌民居市店半在水上惟成都三十餘州縣一片真土號稱沃野旣坐平壤又占水利蓋岷峨發脉山纔離祖滿眼石壠抱此土塊于中寔天作之故稱天府之國云

四川官民之役惟用兵採木最爲累人西北西南州縣多用兵東南多採木惟川北保順二郡兩役不

及頗號樂土郎協濟不無然身不俱在縱罹殘憊亦免死亡

楊用修謂自古蜀之士大夫多卜居別鄉李太白寓江陵山東池州廬山而終于釆石老蘇欲卜居嵩山東坡欲買田陽羡魏野之居陜州蘇易簡之居吳門陳堯佐之居嵩縣陳去非之居葉縣毋廷瑞之居大冶虞允文之居臨川牟子才之居霅川楊孟載之居姑蘇袁可潛之居笠澤豈以其險遠厭跋涉耶

大禹生于石泉縣石紐村即今之石鼓山其山朝暮二時有五色霞氣華陽國志稱彝人營其地方百里不敢居牧有過逃其野中不敢追云畏禹神能藏之三年爲人所得則共原之云禹靈已祐之唐李白亦書禹穴二字于石楊用修遂以太史公所上之禹穴即此也非會稽葢穿鑿之過

李太白稱蜀道之難難于上青天不知者以爲棧道非也乃歸巴陸路正當峽江岸上峻坂巉嵒行者手足如重累黃山谷摘涪云命輕人鮓甕頭船行

近鬼門關外天人鮓甕在秭歸城外盤渦轉轂十
船九溺鬼門關正在蜀道今人惡其名以其地近
瞿塘改瞿門關亦美此地名爲楚轄也蜀不修蜀
請楚修楚謂雖楚地楚人不行蜀行之楚亦不修
萬曆戊子徐中丞元泰撫蜀邵中丞陛撫楚徐餉
工費八百金于楚以請邵修之而還其金至今道
路寛爨不病傾跌惟是歸巴郡邑僻小殘憊不足
供過客之屐履携家行者苦于日不完一站則露
宿少停車之所又荒寂無人烟聚落故行者仍難

之

蜀中俗尚締幼婚娶長婦男子十二三即娶徽俗亦然然徽人事商賈畢娶則可有事于四方川俗則不知其解萬曆十年間關中張中丞士佩開府其地每五里則立一穹碑嚴禁之每朔望闔邑報院邑中婚娶若干家某家男女若干歲犯禁者重罪之然俗染漬已久不能遽變也

白下石頭城僅西北里餘若金城石廓天設之險無如重慶者嘉巴兩水隔石脉不合處僅一線如瓜

蒂甚奇此龍脉盡處止可固守爲郡邑非霸業之資也故明氏據以爲都不能自存不如成都沃野千里眞天府國也然僻處西南棧道巴江隔限上國畢竟非通都大衢止可偏霸一隅非王業之資也故蜀漢以來至于孟氏咸不能出定區宇

離堆山在灌口乃秦蜀守李冰鑿之以導江者也記稱鱉靈治水杜宇讓王其世紀不可攷若只以川中一省則冰之績亦千萬世永頼之不滅神禹也今新都諸處飛渠走澮無尺土無水至者民不知

有荒旱故稱沃野千里又江流清冽可愛人家橋梁扉戸俱在水上而松陰竹影又抱遶于漣漪之間晴雨景色無不可人

内江富順雖分轄兩府然壤接境連寔緊片地故聲名文物等埒不相上下猶餘姚慈谿之在浙東也

諸葛孔明八陣圖余見在川中者兩處新都牟彌鎮陸陣圖也夔府魚復浦水陣圖也牟彌鎮石堆云一百二十八蕞乃石卵疊成土人云甞爲人取去其堆不減種藝者犁平之後蕞亦然此神其説不

可知然遺踪至今千餘年不可謂無神鬼呵護者余亦取一石置輿中魚復浦則僅存八磧一短壠云六十四蕝者皆妄也此登城望之昭然爲泥淖不可抵其下然瞿塘象馬江水如雷沸而此八磧常存則無論無六十四蕝亦至怪矣

夔州之麪和以雲陽之鹽能使乘濕置書篋中而經歲自乾不壞余戊子秋過夔庚寅春居廣右尚食夔麪也

荔枝生于極熱之地閩廣外惟川出焉唐詩一騎紅

塵妃子笑乃涪州荔園所貢也故飛騎由子午谷七日而達長安荔子尚鮮今涪園一株存以獻新擾民近爲一司李攝篆始斷其命根而絶之此雖美意然千年古木一旦無端毀折之良可惜也余意若唐物即存至今未必花葉或者其遺種所嗣續如孔林之檜耳

孔明五月渡瀘雖非瀘州亦即此瀘水上流千餘里在今會川地名金沙江又名黑水其水色黑故以瀘名之當時渡瀘即從雲南北勝姚安入北勝古

浪蕖地姚安古弄棟地今北勝去會川有捷徑止可人馬單行數日而至不能通大軍也沈黎古志謂孔明南征由今黎州路黎州四百餘里至兩林蠻自兩林南琵琶部三程至嶲州十程至瀘水瀘水四程至弄棟卽姚州也兩林今之邛部長官司

川北保寧順慶二府不論鄉村城市咸石板甃地當時甃石之初人力何以至此天下道路之飭無踰此者

烏思藏所重在僧官亦僧爲之其貢道自川入俗稱

喇嘛僧動輒數百爲羣聯絡道途騷擾驛遞頗爲西土之累

棧道雖稱川今實在陝三峽雖稱川今實在楚今之棧道非昔也聯輿並馬足當通衢益漢中之地舊隸蜀故、

漢夜郎縣屬牂牁郡唐屬珍州牂牁郡本且蘭國在今播州界珍州今改爲眞州長官司在播州宣慰司東北二百里眞州長官司南六十里有懷白堂晉人建以懷李白桐梓驛西二十里有夜郎城其

古碑字已磨滅

松潘有鐵索橋河水險惡不可用舟又不能成梁乃以鐵索引之鋪板于上人行板上遇風則擺蕩不任膽怯者坐而待其定方敢過余在滇中見漾濞江怒江亦有此橋皆云諸葛孔明所造也楊用修丹鉛總錄引西域傳有度索尋橦之國後漢書跋涉懸度注谿谷不通以繩索相引而度唐獨孤及招北客辭笮復引一索其名爲笮人懸半空度彼絕壑今蜀松茂地皆有此施植兩柱于河兩岸以

繩絙其中繩上一木筒所謂橦也欲度者則以繩縛人於橦上人自以手緣索而進行達彼岸復有人解之所謂尋橦也用修川人意見此制余所見特索橋耳

王全斌伐蜀下之進圖欲併取滇雲宋太祖持玉斧畫大渡河爲界曰此外非吾有也以故滇雲全省棄于段氏三百年間士大夫宦遊之跡不至以上四川

廣西水自雲貴交流而來皆合于蒼梧左江正派始于盤江北盤江出烏撒達貴普安之東南盤江出

霑益六涼激江通海而皆會于阿迷遶貴羅雄之南兩江合而下泗城田州至南寧合江鎮又與麗江合（麗江出交趾廣源州經太平思明府）而下橫州至潯州南門爲鬱江即古牂牁江漢武帝使歸義侯發蜀罪人下牂牁江會于番禺即此右江正派始于柳江源出都勻府下獨山經慶遠至柳城與大融江合（大融江出靖州經懷遠）過柳州至江口與洛溶江合（洛溶江出義寧經洛溶）下象州與都泥江合（都泥江出貴州程番府經南丹來賓始濁乃入）大藤峽出峽抵潯州北門爲黔江亦名潯水黔鬱

二江合于潯東門而下蒼梧與府江合乃出封川過廣東入海府江者灕江也灕水源興安之海陽山一水相離北入楚爲湘江南入桂爲灕江灕江南下秦始皇命史祿鑿爲靈渠取桂林象郡後唐李渤築斗門其間經廣右省城亦名桂江下平樂而至梧由肇慶廣州二郡而後出海幾八百里海潮乃一日兩至蒼梧雖山多而坂地無陂陀故也

廣右山正北自黔中生桂林西北自貴竹生柳慶南潯正西自廣南生太平諸土州俱本省止惟黔中

一支從武岡出湘灕二水間起海陽山爲南龍正
脈迤邐東行作九嶷九嶷北四水流楚南四水流
廣再東則大庾是也其西南自交趾而入者則爲
思明鬱林廉雷高肇而止于石門
自靈川至平樂皆石山拔地而起中乃玲瓏透露宛
轉游行如栖霞一洞余秉炬行五里餘人物飛走
種種肖形鍾乳上懸下滴終古纍綴或成數丈其
天下之奇觀也廣右山多虵虺獨不藏匿洞中極
其清潔若舟行陽朔江口回首流盻恐所稱瀛海

蓬萊三島不佳于是土官爭界爭襲無日不尋干戈邊人無故死于鋒鏑者何可以數計也春秋戰國時事當是如此若非郡縣之設天下皆此光景耳當叩秦始皇有萬世之功

雲貴土官各隨流官行禮禀受法令獨左右江土府州縣不謁上司惟以官文往來𦙶鶩難治其土目有罪徑自行殺戮時有以官祖母官母護印者其族類文移亦稱官弟官男

右江土兵喜于見調調土兵人給行粮俱爲土官所得兵自齎粮以往且獻名倍役者之數以規粮給即歲額戍守之兵亦殘衰不堪用然國家立法初意第欲使之分其民以爲我役姑以戍守爲名耳

左江兵弱更不堪調

土州民既納國稅又加納本州賦稅既起兵調戍廣西又本州時與鄰封戰爭殺僇又土官有慶賀有罪贖皆攤土民賠之稍不如意即殺而沒其家又刑罰不以理法但如意而行故土民之苦視流民

百倍多有逃出流官州縣爲兵者

右江土州縣據險法嚴土民無如其官何而官抗國法左江土州縣官畏國法然勢弱往往爲土民逐驅弒逆而官又無如民何此兩江土官之大校也

奉詔衛設于貴縣馴象設于橫州南丹設于賓州皆在左右兩江之中要使控制蠻獠聲息援接五屯以備藤峽昭平以續江道建置俱不爲無意

三江蜑戶其初多廣東人產業牲畜皆在舟中郎子孫長而分家不過爲造一舟耳婚姻亦以蜑嫁蜑

州縣埠頭乃其籍貫也是所謂浮家泛宅者吳船
亦然然多有家在岸
廣右山俱無人管轄臨江山官府召商伐之村內山
商旅募人伐之皆任其自取至于平原曠野一望
數十里不種顆粒獞人所種止山衝水田十之一
二耳又多不知種麥粟地之遺利可惜也
地產蚺蛇性善淫土人縛草爲芻靈粉飾之蛇見則
抱而戲人徑裂胸而取其膽蛇對面不知也若擊
而取之擊頭則膽隨頭擊尾則膽隨尾久而死膽

亦化矣徒遺水牘不足用也取蛇而籠之如路遇婦人籠内頓跌幾欲絶孔雀鷓鴣白鷴翠鳥多出東西粵但養之不甚馴亦不能久存

古田既征議善後者以廣右鹽利歸之官藩司每年出銀五萬兩命一府佐領至廣買而易之計利出入幾三萬故邇來兵餉稍足

廣東用廣西之木廣西用廣東之鹽廣東民間資廣西之米穀東下廣西兵餉則借助于廣東廣東人性巧善工商故地稱繁麗廣西坐食而已

永以西盡于粤江嫃女裙褌咸至膝膝以下跣而不履頭笄而耳瑱則全

廣右山川之奇以賞鑒家則海上三神山不過若以堪輿家則亂山離立氣脉不結府江兩岸石阜如鎗如旗如鼓如鞍如兜鍪如疊甲如蘭錡無非兵象宜猺獞之占居而世爲用兵之地也江南雖多山然遇作省會處咸開大洋駐立人烟凝聚氣脉各有澤藪停畜諸水不徑射流卽如川中山纔離祖水尚源頭然猶開成都千里之沃野水雖無瀦

然全省羣流總歸三峽一線故爲西南大省獨貴州廣西山牽羣引隊向東而行竝無開洋亦無閉水龍行不住郡邑皆立在山椒水濆止是南龍過路之塲尚無駐蹕之地故數千年閩汝雖與吳越閩廣同時入中國不能同耀光明也

廣右石山分氣地脉踈理土薄水淺陽氣盡洩頃時晴雨疊更裘扇兩用兼之嵐烟岫霧中之者謂之瘴瘧春有青草瘴夏有黄梅瘴秋有黄茅瘴秋後稍可爾中之者不宜遽表宜固元氣節食寡慾戒

動七情稍服平胃正氣二散俗忌夜食食必用檳榔消之忌早起起即用杯酒實之孫直指刻嶺南衞生方可覽

府江兩岸六百里湍流悍激林木翳暗猺獞執戈戟竄伏鈎引商船刼奪鹽米甚至殺官傷吏屢勦不止只爲深林客箐彼得伏而下我不得尋而上也萬曆戊子韓少叅紹議召商伐去沿江林木開一官路令輿馬通行平樂抵昭潭二百里昭潭抵蒼梧界三百三十五里各冲會哨六百四十里自賀

縣抵東安鄉又抵麗冲共二百三十六里總之鑿石五千二百五十二丈爲橋梁四百七十有五舖亭一百三十有三渡船十有三卒用戍守士卒止用庫銀六千兩松林鼓鑼二峽尤稱險絶弁力鑿之自此猺獞種田輸租不敢出刼舟船晝夜通行可謂耀闇汝于光明者矣

廣右一路可通貴州一路通雲南一路通交趾其通貴州者乃由田州横山驛八十里至客庄驛平五十里歸洛驛平一百二十里徃泗城州虛驛有小嶺

一百二十里路城驛有嶺一百二十里安隆長官司崎嶇四十里打餓寨可行六十里北樓村五十里過橫水江至板柏村俱崎嶇七十里板屯土驛路窄草木密六十里洞洒村有石二十里安籠所崎嶇六十里魯溝可行至貴州孫直指欲通此使有事之日不單靠貴竹一路甚善第貴竹大路乃當兵燹大創之後其西八站又奢香自開今太平無事時忽有此舉土官疑其改土爲流陽順而陰撓之故終無成且安隆三日路亦自崎嶇不可開也

桂林石細潤玲瓏奇巧雖雕繢不如勝于太湖數倍一種名靈芝盆觚岸如荷翻狀其洿隙成九曲之池大小隨趣以置淨室前種小花樹其上養金魚數十頭亦奇賞也

桂林無地非山無山而不雁蕩無山非石無石而不太湖無處非水無水而不嚴陵武夷百里之內獨堯山積土成阜故名天子田獨七星山一片平蕪故名省春嵩平樂以上兩岸咸石壁林立則溪中皆沙灘無石舟堪夜發平樂以下兩岸土山迤行

則江中皆石磯嵓笋動輒壞舟李序齋聞余言笑
曰尚欠二句余曰何也李曰無縣非人無人而不
猺獞無人無婦無婦而不蓬跣衆乃大噱
靖江府御門而見藩臬坐受一拜以次而起雖祿千
石爵視郡王其尊貴乃在諸親藩之上宗室二千
人歲食藩司祿米五萬兩故藩貯不足供而靖宗
亦多不能自存者
廣右異於中州而梛慶思三府又獨異蓋通省如桂
平梧潯南寧等處皆民獞雜居如錯碁然民村則

民居民種獞村則獞居獞耕州邑鄉村所治猶半民也右江三府則純乎獶僮城市所居者民耳環城以外悉皆猺獞所居皆依山傍谷山衝有田可種處則田之坦途大陸縱沃咸荒棄而不顧然獞人雖以征撫附籍而不能自至官輸粮則寄託于在邑之民獞借民爲業主民借獞爲佃丁若中州詭寄者然每年止收其租以代輸之官以半餘入於已故民無一畝自耕之田皆獞種也民既不敢居獞之村則自不敢耕獞之田卽或一二貴富豪

右有買獲田者止買其券而令入租耳亦不知其田在何處也想其初改土爲流之時止造一城捍數漢民于彝中則已是民如客戶彝如土著田非不經丈量亦皆以空牒塞責故幅幀雖廣而徵輸寡逋負多

懷遠荔波二縣皆土彝縣官不入境止僦居于鄰縣每年入催錢粮一次而已然復懷遠易荔波難荔波無一民皆六種彝雜居自思恩縣西去陸行數百里深則重溝高則危嶺夜則露宿晝無炊烟人

多畏而不敢入懷遠舊縣去融縣止百里新縣踰深入二百里乃有民三村且縣前大榕江上通楚靖下達柳象舟行又便而懷治二堡哨兵二百領以千戶緩急可恃故比茘波易余業已擇于榕縣水口立懷遠城將江中所過板稅之歲得百金可備公費委之懷遠尉鄭良懿行之有緒矣而轉滇中故未竟事而行後聞龔憲副一清終其事

猺獞之俗祖宗有仇子孫至九世猶興殺伐但以强弱爲起滅謂之打冤欲怒甲而不正害甲也乃移

禍于乙而令乙來害甲謂之著事白晝掠人于道執而囚之必索重賂而贖乃歸謂之隥禁兩村相殺命斃不償斃者以頭計每頭賠百兩或幾十兩以積數之多寡爲貴實無兩也而以件代之如豕一爲一兩而一雞一布亦爲一兩也撫安獞老爲其和畢則截刀爲誓始不報冤謂之賠頭諺云猺殺猺不動朝獞殺獞不告狀

語云十年不勦則民無地二十年不勦則地無民又云征蠻法全勦不如殲魁明捕不如暗執土官干

戈無日不尋然止自相屠戮渠各自有巢穴在不敢出向中州可以無慮惟有猺獞爲梗然亦禽獸無雄舉遠志不過劫掠牲畜而已自韓襄毅之征藤峽王文成之設九司嗣後大舉雖無小醜間作至世廟末劫藩司殺黎大叅極矣邇乃征古田征府江征懷征八寨召商伐木江河道路始通前者各猺獞往來江邊釣船截路殺人越貨卽郵筒非集兵不行惟古田一舉大快積憤葢諸猺據險初不虞官兵之遂入也

猺獞之性幸其好戀險阻傍山而居倚冲而種長江大路棄而與人故民夷得分土而居若其稍樂平曠則廣右無民久矣

蠱毒廣右草有斷腸物有蛇蜘蛛蜥蜴蜣蜋食而中之絞痛吐逆面目青黄十指俱黑又有挑生蠱食魚則腹生活魚食雞則腹生活雞驗蠱法吐于水沉不浮與嚼豆不腥含礬不苦皆是治蠱飲白牛水血立効王氏博濟方歸魂散必用方雄珠丸皆可以上廣西

余舍水刻漏李日山謂滇中夏日不甚長余以漏準之果短二刻今以月食驗之良然萬曆二十年五月十六望月食據欽天監行在乙亥夜月食八分一十九抄月未入見食七分一十七抄月巳入不見食一分二抄初虧在寅一刻五更三點正東食甚在卯初刻在晝復圓卯正三刻正西食甚月離黃道箕宿七度八十八分二十七杪據此稱月食不見一分乃卯初余在雲南救護月生光一半以上不及三分尚見豈地高耶抑算者入晝總以不

見稱耶又巳食八分天止將明未及晝也則信似

日稍短耳

兩山夾丘壟行俗謂之川滇中長川有至百十餘里

者純是行龍不甚盤結過平彝以西天地開朗不

行塉騾中至漾濞以西又覺險峻崚層然雖險猶

不闇也行東西大路上不熱不寒四時有花俱是

春秋景象及岐路走南北土府州縣風光日色寒

熱又與內地差殊土官多瘴余入景東過一地長

五里他草不生徧地皆斷腸草輿人馳過如飛似

此之地安得不成瘴也斷腸草之葉爲火把花榦爲酒弔藤根名斷腸草滇人無大小裙袖中咸齎些須以備不測之用其俗之輕生如此

採礦事惟滇爲善滇中礦硐自國初開採至今以代賦稅之缺未嘗輟也滇中凡土皆生礦苗其未成硐者細民自挖掘之一日僅足衣食一日之用于法無禁其成硐者其處出礦苗其峒頭領之陳之官而准焉則視硐大小召義夫若干人義夫者即採礦之人惟硐頭約束者也擇其日入採其先未

成硐則一切工作公私用度之費皆硐頭任之硐大或用至千百金者及硐已成礦可煎驗矣有司驗之每日義夫若干人入硐至暮盡出硐中礦爲堆畫其中爲四聚瓜分之一聚爲官課則監官領煎之以解藩司者也一聚爲公費則一切公私經費硐頭領之以入簿支銷者也一聚爲硐頭自得之一聚爲義夫平分之其煎也皆任其積聚而自爲焉硐戶列爐若干具爐戶則每爐輸五六金于官以給劄而領煅之商賈則酤者屠者漁者採者

任其環居于礦外，不知礦之可盜，不知硐之當防，亦不知何者名爲礦徒。是他省之礦，所謂走兔在野，人競逐之；滇中之礦，所謂積兔在市，過者不顧也。採礦若此，以補民間無名之需，荒政之備，未嘗不善。

金沙江源吐蕃，過麗江、北勝、武定、烏撒、東川，入馬瑚江，出三峽。滇池水過安寧，入武定合之。雲南舊有議開此江以通舟楫，使滇貨出川以下楚吳者。余初喜聞其議，會黃直指復齋銳意開之，已遣人入閩取舟工柁師而黃卒余同年郭少叅朝石欲必終其事余多方追之繪爲圖乃知此江下武定境皆巨石塞江奔流飛駛石大者縱横數丈小者丈餘間有平流可施舟楫處僅一二里絶流横渡者也若順流而下兩岸皆削壁水若懸注巨礁巉嵓承其下自非六丁神將安能鑿此過萬人嵌深潭百丈杉板所陷舟無不碎溺者又皆彝人所居旁無村落即使江可開舟亦難泊適爲彝人劫盜之資也天下有謂之若美而實不然者類如此滇有

兩金沙江東江出東海卽此西江下緬甸過八百媳婦入南海東江狹而險西江平而濶隔岸視牛馬如羊然皆源自吐蕃中隔瀾滄與怒江二江地尚千里而當時條陳開江有作一江論者謂恐通緬人最可笑

滇雲地曠人稀非江右商賈僑居之則不成其地然爲土人之累亦非鮮也余謫囚閲一牘甲老而流落乙同鄉壯年憐而收之與同行貨甲喜得所一日乙遣土人丙富欲賺之與甲以雜貨入其家婦

女爭售之乙故爭端與丙競相推毆歸則致甲死而送其家嚇以二百金則焚之以滅跡不則訟之官土棘人性畏官傾家得百五十金遺之是夜報將焚矣一親知稍慧爲擊鼓而訟之得大辟覩其籍撫人也及追之其事同其騙同其籍貫同但發與未發結與未結或無幸而死或幸而脫亡慮數十家葢客人訟土人如百足蟲不勝不休故借貸求息者常子大于母不則亦本息等無錙銖敢逋也獨余官灤滄兩年稔知其獘于撫州客狀一詞

不理

省會吉壤莫過于五雲山下當黔國封賞時　聖祖
命以自擇城中善地造府第畫圖進呈黔國乃擇
此地拓架大厦數層比進呈　聖祖覽圖以朱筆
横作一畫于某層院中云前面作雲南布政司以
故黔國宅至今無大門惟作曲街開東向出其圖
至今藏于沐氏

樂土以居佳山川以游二者嘗不能兼惟大理得之
大理點蒼山西峙高千丈抱百二十里如弛弓危

岫入雲段氏表以爲中岳山有一十九峯峯峯積雪至五月不消而山麓茶花與桃李爛熳而開東滙洱河于山下亦名葉榆絕流十里沿山麓而長中有三島四洲九曲之勝春風掛帆西視點蒼如蓬萊閬苑雪與花爭妍山與水競奇天下山川之佳莫踰是者且點蒼十九峯中一峯一溪飛流下洱河而河崖之上山麓之下一郡居民咸聚焉四水入城中十五水流村落大理民無一壠半畝無過水者古未荒旱人不識桔槔又四五月間一畝

之隔即倏雨倏晴雨以插禾晴以刈麥名甸溪晴
雨其入城者人家門扃院落捍之即爲塘甃之即
爲井謂之樂土誰曰不然余游行海內遍矣惟醉
心于是欲作菟裘棄人間而居之乃世網所攖思
之令人氣塞
迤西土官惟麗江最黠其地山川險阻五穀不產惟
產金銀其金生于土每雨過則令所在犁之輸之
官天然成粒民間匿銖兩者死然千金之家亦有
餓死者郡在玉龍山下去鶴慶止五十里而遥然

其通中國只一路彼夷人自任往來華人則叩關而不許入一人入即有一關吏隨之隨則必拉以見其守見則生死所不可知矣故中國無人敢入者且均一郡守職也而永寧蒙化等守咸君事之元旦生辰即地隔流府者不敢不走謁其謁也抹額叩頭爲其扶輿而入命之冠帶則冠帶而拜跪命之歸則辭不命咸不敢自言其自尊不啻皇家坐堂則樂作而樂人與伺班官吏隸卒咸跪而執役不命之起則終日不起以爲常其父子不相見

見則茶酒咸先嘗之祖父以來皆十年以外則相弑而其毒藥又甚惡勘其事者如大理鶴慶二太守咸毒殺之鶴慶縉紳亦往往中其毒鶴慶人亡論貴賤大小咸麗江腹心金多故也余備兵瀾滄正渠助千金餉于朝廷欲請勅加大叅銜奏下部行院道相視莫敢發余乃奮筆駁罷之遂毀勅書樓後陪巡鶴慶最爲戒心乃得生還倖也他如沅江廣南亦不逞然無甚于麗江者

丁苴白改盜山箐在臨安南安新化之間乃百年逋

寇辛卯夏因緬報調兵後緬退而兵無所用吳中丞遂檄鄧參戎子龍移師襲之彝盜止長于弓弩不知火器鄧擊以大砲聲震山谷盜駭謂後山崩巢穴當毀乃四散走遂悉蕩平之人謂吳好用兵邀功然此舉良爲得策

永昌即金齒衛金齒者土彝漆其齒也諸葛孔明征孟獲破籐甲軍今其彝人漆籐纏身尚有籐甲之遺余聞之同年保山令楊君文舉也其初只南征一軍處于此地謂之諸葛遺民今則生齒極繁然

其地乃天地窮盡處而其人反紅顔白皙得山川清麗之氣而言語服食悉與陪京同其匠作工巧中土所無有良樂土也自有緬莽之亂調兵轉餉閭閻始憊

琥珀寶石舊出猛廣井中今寶井爲緬所得滇人採取爲難而入滇者必欲得之大爲永昌之累余在滇中聞其前兩直指皆取琥珀爲茶盞動輒數十永民疲于應命可恨也

各鹽井惟五井多盜其盜最黠而横其穴前臨井後

倚深林大箐巨坂遙岑過此則爲吐番之地故緩之則劫人急之則走番追兵見箐不敢深人最爲害也路內卽箐賊嘗坐箐中射過客而顛越其貨又其射皆毒弩技最精彝賊習射者于黑夜每三十步揷香一枝九十步揷三香黑地指火影射之一矢而三香俱倒方爲上技余已約鄧參戎子龍欲從永昌小捷徑抄番人後襲之以瀨行不果

莽酋王南海去永昌尚萬里行閱兩月與東北走京師同但半月而至金沙江則緬與中國之界也其

初莽端體者亦緬甸六宣慰之一世宗朝爲猛廣所殺僇隻騎不畱乃求救于中朝廷議不之許其人遂發憤孤身走洞吳起兵不數年遂盡有南海之地掃平諸夔復仇猛廣固亦蠻貊一英雄也今莽應龍卽其子爾諸葛孔明南征至江頭城與今莽都海岸僅隔十日之程若王靖遠所到則與此尚遠爲其地遠莽人亦不能深入惟是岳鳳勾之會一至姚關餘則皆莽酋分布之部曲近金沙江者過江盜殺諸土寨而劫掠之耳勢不得不出兵

應之而滇中兵毎出則于蠻哈其地在蠻哈山下江之北岸最毒熱多蠅人右手以匕食則左手亂揮蠅稍緩則隨飯入喉中即土人遇熱甚亦剪髮藏入水避之而緬之犯又毎于夏熱之時內地兵一萬至其地者嘗熱死其半故調一兵得調者先與七八金安其家謂之買命錢盤費芻菽不與焉故調兵一千其邑費銀一萬而此土兵不甚諳于戰陳不調則流兵少不足以當數年間內地民緣此以糜爛窮極是調兵之難一難也永昌至蠻哈

半月省城左右至永昌又半月山坂險峻運米一石費脚價八金僅一兵三月粮耳滇兵之調每以數萬計是轉餉之難二難也坐是藩臬以至士民無不畏用兵而大中丞與永兵備則云今日失一寨十年後亦追謂某撫某道手失也而兵不得不用彼無職掌者可高議不用兵也如是則亦不得而盡外之但須以不用之心行不得已之事蓋永以外將帥偏裨無不樂用兵以漁獵其間者故緬至每每作虛報如辛卯夏余聞緬二千人渡江而

叅戎報二十萬也永以内總戎大將又喜一出兵則渠隨路浚削人以張皇其事是在大中丞主持之弗爲虛報所惑而遽調兵以鎮定行之則内地之福也即今屯田三宣餉得策矣而兵之調歲歲騷動終非久長之畫以余之意必起自金沙江將三宣彝寨盡遷内地四方空千里不畱一人則彼既不得因粮于敵若轉餉而至其受累與我同緬彝盜劫之輩庶其阻江而止乎大寧神京擁護哈密屢世屬彝本朝業已棄之無非權其利害之重

輕于雲南萬里外千里荒服之地何有不然滇人

終無息肩之期矣

緬人于壬辰歲以貢物入余時在瀾滄嶠之牙象二

母象一番布古喇錦金段諸布帛皆與中國異一

金甌嵌碎寶極工葢先是張憲使文耀遣黎邦柱

入緬探事黎說之而來據邦柱對余云莽酋應龍

在五層高樓上柱皆金緣呼邦柱與席地坐謂渠

未甞使中國乃其部下為盜也渠亦是漢地乃諸

葛孔明所到有碑立江頭城一金塔高數十丈照

耀天日衆酋所依歸其人只片布褁身無上衣下裳酋持齋念佛不用兵用時例以大緬莽一擊聲聞數十里如中國之烽燧者則千里外彝兵皆自褁粮而來不若中國轉餉之難也緬莽者即以爲大銅鼓之號邦桂之言雖眞僞不可知然其物已千金之外非虛也當事者必駁之謂邦桂私物誤矣如此等事使爲之處置得宜令其鈐束部曲受其封貢西南可以遺數歲之安旣不能以大膽肩之畢竟此物亦爲之含糊泯滅彝酋安得不忿然

以遈及其羽書一至然後周章兵餉徒疲內地之民是當事者之謀國不良而自取彼敗也

廣南守爲儂智高之後其地多毒善瘴流官不敢入亦不得入其部下土民有幻術能變猫犬毒騙人往往爰書中見之然止以小事惑人若用之大敵偷營劫寨未能也有自變亦有能變他人者此幻術迤西彝方最多李月山備兵于滇親見之載在叢談及其蓬窓日錄最長蕞附于左

雲南十四府八軍民府五州惟雲南臨安大理鶴慶

楚雄五府嵌居中腹地頗饒沃餘俱瘠壤警區大抵雲南一省彝居十之六七百蠻雜處土酋割據但黔寧遺法沐氏世守比廣西貴州土官不同差有定志而西有瀾滄衛聯屬永寧麗江以控土番南有金齒騰衝以持諸甸東有沅江臨安以扼交阯北有曲靖以臨烏蠻各先得其所處惟尋甸武定防戍稍踈木邦孟密性習叵測元江景東土酋稱桀老撾車里姻好安南阿迷羅台獐獷微梗廣南富州界臨右江所當加意

沅江麗江蒙化景東等府師宗彌勒新化寶山巨津
和曲祿勸蘭順等州元謀等縣役無定紀故科無
定數惟大理大和十年一役鄧川賓州騰越北勝
趙姚浪穹永平五年一役雲南縣三年一役餘州
縣一年一役
貿易用貝俗謂貝以一爲庄四庄爲手四手爲苗五
苗爲索葢八十貝也
全省四路一自貴州烏撒衛入曲靖霑益州爲通衢
烏撒衛實居四川烏撒府之地又一自貴州普安

入曲靖又一自廣南府路出廣西安隆上林泗城
今黔國禁不由又一自武定路從金沙江出四川
建昌衛今亦莽塞
六詔乃西南夷雲南全省之地夷語謂王爲詔其都
在大理麗江蒙化三府及四川行都司建昌等衛
而居大理尤久六詔俱姓蒙氏凡名嗣代各頂父
名下一字蒙舍詔在蒙化府浪穹詔在浪穹縣鄧
賧詔在鄧川州施浪詔在浪渠縣麼些詔在麗江
府蒙嶲詔在建昌衛六詔惟蒙舍居南蒙舍至皮

羅閣始強盛滅五詔盡有其地遂總名南詔遷居
太和城子閣羅鳳用段儉魏爲相獲唐西瀘令鄭
回而尊之至其孫異牟尋創立法制修議禮樂設
三公九爽三託諸府之官以分其任回復勸尋歸
唐是開南詔聲名文物者段鄭之力居多蒙氏歷
年二百五十而鄭氏趙氏楊氏迭興皆不久至石
晉天福間段氏始立元世祖得南詔降段爲總管
迄我 朝尚爲鎮撫不絕

諸省惟雲南諸爨雜處之地布列各府其爲中華人

惟各衛所戍夫耳百夷種曰僰人爨人各有二種卽黑羅羅白羅羅麽些禿老𡕒門蒲人和泥蠻土獠羅武羅落撒摩都摩察儂人沙人山後人哀牢人哦昌蠻儞蠻魁羅蠻傅尋蠻色目瀰河尋丁蠻栗𡕒大率所轄惟僰羅二種爲多僰人與漢人雜居充役公府羅羅性疑深居山寨人得給而害之廣南順寧諸府俗好食蟲諸處好食土蜂南徼緬甸木邦老撾車里八百千崖隴川孟艮孟定俱女服外事

雲南風氣與中國異至其地者乃知其然夏不甚暑冬不甚寒夏日不甚長冬日不甚短夜亦如之此理殆不可曉竊意其地去崑崙伊邇地勢極高高則寒以近南故寒燠半之以極高故日出日沒常受光先而入夜遲也鎮日皆西南風由昆明至永昌地漸高由通海至臨安地漸下由臨安至五邪寧遠地益下下故熱五邪以南民咸剪髮以避暑瘴寧遠舊屬臨安府黎利叛陷入安南分爲七州林次崖謂欽州四洞原內屬不知寧遠太于四洞

多矣地多海子葢天造地設以潤極高之地亘古不淤不堙猶人之首上脉絡也水多伏流或落坎輒數十百丈飛瀑流沫數十里　月山

雲南一省以六月二十四日爲正火把節云是日南詔誘殺五詔于松明樓故以是日爲節或云孟獲爲武侯擒縱而歸是日至滇因舉火祓除或又云是梁王擒殺段功之日命其屬舉火以禳之也三十後各家俱燃巨燎於庭人持一小炬老幼皆然互相焚燎爲戲燼鬚髮不顧貧富咸羣飲于市舉

火相撲達旦遇水則持火躍之黑鹽井則合各村
分爲二隊火下鬬武多所殺傷自普安以達于雲
南一境皆然至二十五乃止月山
麓川俗其下稱宣慰曰昭其官屬則有昭孟昭錄昭
綱之類乘則以象雖貴爲昭孟領十餘萬人賞罰
任意見宣慰莫敢仰視問答則膝行三步一拜退
亦如之賤事貴少事長皆然小事則刻木爲契大
事則書緬字爲檄無文案男貴女賤雖小民視其
妻如奴僕耕織貿易差徭之類皆係之雖老非疾

病不得少息生子三日後以子授其夫耕織自若
男子皆髡首跣足人死則飲酒作樂歌舞達旦謂
之娛死其小百夷阿昌蒲縹哈喇諸風俗與百夷
大同小異　月山
南甸宣撫司有婦人能化爲異物富室婦人則化牛
馬貧者則化猫狗至夜伺夫熟睡則以一短木置
夫懷中夫即覺仍與同寢不覺則婦隨化去攝人
魂魄至死食其屍肉人死則羣聚守之至葬乃已
不爾則爲所食鄰郡民有經商或公事過其境者

晚不敢睡羣相警戒或覺物至則羣逐之若得之其夫家亟以金往贖若登時殺死則不能化其本形孟密所屬有地牟當官道往來之地其人黃睛鬈面狀類鬼剪舊銅器聯絡之自膝纏至足面以爲飾有妖術能易人心肝腎腸及手足而人不知於牛馬亦然過者曲意接之賞以針線果食之類不則離寨而死剖腹皆木石車里老撾風俗大抵相同過景東界度險數日皆平地貴賤皆樓居其下則六畜俗多婦人下戶三四妻不妒忌頭目而

上或百十人供作夫死則謂之鬼妻皆棄不娶省城有至其地經商者贅之謂之上樓上樓則剪髮不得歸矣其家亦痛哭爲死別也凡食牲不殺兕而死然後烹楚雄迤南　㸑名眞羅武人死則褁以麞鹿犀兕虎豹之皮擡之深山棄之久之隨所褁之皮化爲其獸而去又蒲人缥人哈剌其色俱正黑如墨有被殺者其骨亦黑蓋烏骨雞類以上雲南

貴州古羅施鬼國自蜀漢㸑酋有火濟者從諸葛武侯征孟獲有功封羅甸國王歷唐宋皆不失爵土

洪武初元宣慰使靄翠與其同知宋欽歸附　高
皇帝仍官之爲貴州宣慰使司隸四川其思州宣
慰使爲田仁智思南宣慰使爲田茂安暨鎮遠等
府隸湖廣普安鎮寧等州隸雲南靄翠死妻奢香
代立宋欽死妻劉氏代立劉氏多智術時馬曄以
都督鎮守其地欲盡滅諸羅酋代以流官乃以事
裸撻奢香欲激怒諸羅彝爲兵端諸彝果怒欲反
劉氏止之爲走愬京師上令招奢香至問曰汝誠
苦馬都督我爲汝除之何以報我奢香曰世戢羅

彝不敢爲亂上曰此汝常職何云報也奢香曰貴州東北有間道可通四川願刊山通道給驛使往來上許之謂高后曰吾知馬督無他腸然何惜一人以安一方乃召馬斬之遣奢香歸諸彝大感爲除赤水烏撒道立龍場九驛達蜀今安氏卽靄翠後

貴州設山上中高而外低如關索乃貴鎮山四水傾流內無停蓄北二水一出涪江一出瀘江東一水出沅江南二水一出左江一出右江有水源而無

水口故是行龍之地非結作之場也

貴州多洞壑水皆穿山而過則山之空洞可知如清平十里雲溪洞水從平越會百里來又從地道潛復流雲洞盡處水聲湯湯如溪流洞右偏土人又累石為堤引支水出洞南灌田甚廣新添母珠洞發衛六七里陟降高崖即見流水入山椒穿洞過出水處亦一洞乃名母珠嘗有樵者至洞中數石子隨一大石似子逐母夜有珠光故名也最奇者普安碧雲洞為一州之壑州之水無涓滴不趨洞

中者乃洞底有地道隔山而出洞中有仙人田高下可數十畦石塍廻曲界限儼如人間豈神仙所嘗種玉禾者耶其無水而爌如者偏橋飛雲洞由月潭寺左拾級而登仰視層巖如蜂房燕窠級窮上小平臺石欄圍繞臺後嵒嵌入巉絶巖上如居人重簷覆出而石乳懸竇怪詭萬狀洞前立二石突兀更奇他如鎮遠淩圓洞清平天然洞安莊雙明洞與平壩喜客泉安莊白水或道左而未過或輿過之而未窮其勝不能一一紀之

出沅州而西晃州即貴竹地顧清浪鎮遠偏橋諸衛舊轄湖省故犬牙制之其地止借一線之路入滇兩岸皆苗晃州至平夷十八站每站雖云五六十里實百里而遥士夫商旅縱有急止可一日一站破站則無宿地矣其站皆以軍夫辰州以西轎無大小官無貴賤輿者皆以八人其地步步行山中又多蛇霧雨十二時天地闇窅間三五日中一晴霽耳然方晴倏雨又不可期故土人每出必披氈衫背篛笠手執竹枝竹以驅蛇笠以備雨也諺云

天無三日晴地無三里平其開設初只有衛所後雖漸漸改流置立郡邑皆建於衛所之中衛所為主郡邑為客縉紳拜表祝聖皆在衛所衛所治軍郡邑治民軍即尺籍來役戍者也故衛所所治皆中國人民即苗也土無他民止苗彝然非一種亦各異俗曰宋家曰蔡家曰仲家曰龍家曰曾行龍家曰羅羅曰打牙犵狫曰紅犵狫曰花犵狫曰東苗曰西苗曰紫薑苗總之槃瓠子孫椎髻短衣不冠不履刀耕火種樵獵為生殺鬬為業郡邑中但

征賦稅不訟鬬爭所治之民卽此而已矣
本朝勾取軍伍總屬虛文不問新舊徒爲民累惟貴
竹衛所之軍與四川雲南皆役之爲驛站輿夫糧
不虛縻而歲省驛傳動以萬計反得其用
彝人法嚴遇爲盜者綳其手足于高桅之上亂箭射
而殺之彝俗射極巧未射其心膂不能頃刻死也
彝性不畏亟死惟畏緩死故不敢犯盜貴州南路
行于綠林之輩防禦最難惟西路行者奢香八驛
夫馬廚傳皆其自備巡邏干掫皆其自轄雖夜行

不慮盜也彝俗固亦有美處
貴州土產則水銀辰砂雄黃人工所成則緝皮爲器飾以丹朱大者箱櫃小者筐匣足令蘇杭却步雄黃一顆重十餘兩者佩之宜男土官中有爲盤爲屏以鎮宅舍者砂生有底如白玉臺名砂床箭頭爲上墻壁次之雖曰辰砂實生貴竹
關索嶺貴州極高峻之山上設重關掛索以引行人故名關索俗人訛以爲神名祀之旁有查城驛名頂站深山邃箐盜賊之輩寔繁有徒縉紳商賈過

者往往于此失事峕以一衞尉統邏卒護之
安宣慰唐時人家渠謂歷代以來皆止羈縻即拒命
難以中國臣子叛逆共論故時作不靖弗安禮法
其先宣慰不逞陽明居龍場時向貽書責之其後
安國亨格　詔旨朝廷遣使就訊之令其囚服對
簿赦弗征而國亨後亦竟桀驁如故院司弗能堪
今安疆臣襲又復悖戾不遵　朝廷三尺如貴竹
長官司改縣已多年而疆臣猶欲取回爲土司天
下豈有復改流爲土者故江長信疏欲勦之未知

廷議究竟何似

養龍坑長官司有坑在兩山之間停蓄淵深似有蛟龍在其下當春時騰駒游牝彝人挿椰于坑畔取牝馬繫之已而雲霧晦暝類有物蜒蜿與馬接者其生必龍駒

鎭遠滇貨所出水陸之會滇産如銅錫斤止値錢三十文外省乃二三倍其値者由滇雲至鎭遠共二十餘站皆肩挑與馬羸之負也鎭遠則從舟下沅江其至武陵又二十站中間沅州以上辰州以下

與陸路相出入惟自沅至辰陸止二站水乃經盈口竹站黔陽洪江安江同灣江口共七站故士大夫舟行者多自辰溪起若商賈貨重又不能捨舟而溪灘亂石險阻常畏觸壞起鎮遠至武陵下水半月上水非一月不至

思石之間水則烏江發源播之南境而合涪江陸與水相出入此川貴商賈貿易之咽喉也即古牂牁夜郎地思南府西有古牂牁郡城漢末所築者古牂牁郡領扶歡夜郎等縣或云夜郎在珍州珍屬

播與今思明接界

播州東通思南西接瀘北走綦江南距貴竹萬山一水抱遶縈迴天生巢穴七日而達內地然其地坐貴竹而官繫川中故偒酋應龍伺川中上司則恭見貴竹則倨川議賞貴議勦非一日矣及王中丞繼光倉卒舉事挫辱官兵于是天討難留而又加以七姓五司素被傷殘赴闕請勦然彼酋畏懼天兵之至情願囚首抹腰聽勘處分蓋彼酋因子死巴獄而又防七姓之侵陵故死不敢入重慶而不

撣四服了事者其情也何敢輒萌他變而此中以

曾拒王師故心疑之而不敢前余弟圭叔守重慶

覘知顛末單車入往諭之彼遂出松坎來迎松坎

者此入三日而彼出五日程也其後乃于安穩搭

益衙門聽司道費畫入勘贖鍰而罷是行也實賢

于數萬師矣

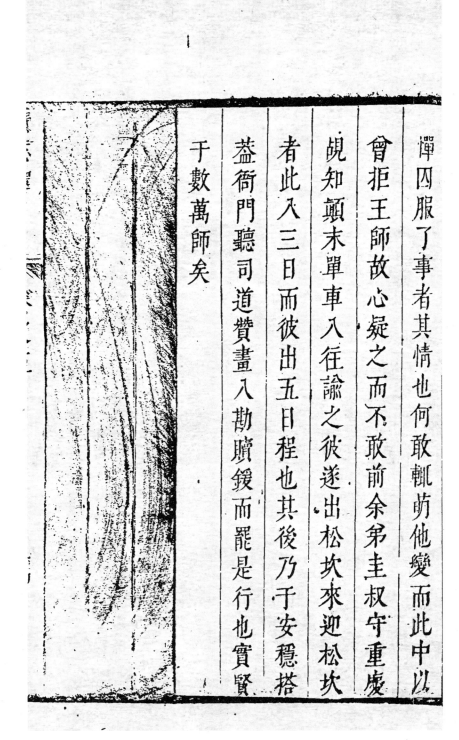

王太初先生雜志

赤城王太初先生著　北平　林百朋象鼎　較
秀州曹秋岳先生定　楊體元香山

地脉

自昔以雍冀河洛爲中國，楚吳越爲夷，今聲名文物反以東南爲盛，大河南北不無少讓，何客曰此天運循環地脉移動彼此乘除之理，余謂是則然矣，要知天地之所以乘除何以故，自昔堪輿家皆云天下山川起崑崙分三龍入中國，然不言三龍盛衰之故，蓋龍神之行以水爲斷然深山大谷豈足能徧惟問水則知山崑崙據地之中四傍山麓各入大荒外入中國者一東南支也其支又于塞外分三支左支環鹵庭陰山賀蘭入山西起大行數千里出爲醫巫閭度遼海而止爲北龍中支循西番入趨岷山沿岷左右出江右者包叙州而止江左者北去趨關中脉系大散關左渭右漢中出爲終南太華下秦山起嵩高右轉荆山抱淮水左落平原千里起太山入海爲中龍右支出吐蕃之西下麗江趨雲南遶　貴竹關嶺而

東去沅陵分其一由武岡出湘江西至武陵止又分其一由桂林海陽山過九嶷衡山出湘江東趨匡廬止又分其一過庾嶺度草坪去黃山天目三吳止過庾嶺者又分仙霞關至閩止分衢爲大盤山右下括蒼左去爲天台四明度海止總爲南龍宋儒乃謂南龍與中龍同出岷山沿江而分蓋宋畫大渡河爲守而棄滇雲當時士夫游轍未至故不知而臆度之也今金沙江原出吐蕃犁牛河入滇下川江則已先於塞外隔斷岷山矣故南龍不起岷山也古今王氣中

龍最先發最盛而長北龍次之南龍向未發自宋南渡始發而久者宜其少間歇其新發者其當全漏何疑何以見其然也洪荒方闢伏羲都陳少昊都曲阜顓頊都牧野周自后稷以來起岐山豐鎬生周公孔子秦又都關中漢又都之唐又都之宋又都汴故曰中龍先而久黃帝始起涿鹿堯都平陽舜都蒲坂禹都安邑其後盡發于塞外玁狁冒頓突厥蠻狄之王最後遼金至元而亦入主中國故曰北龍次之吳越當太伯時猶然披髮文身楚入春秋尚爲蠻服孫吳

司馬晉六朝稍稍王建康僅偏安一隅亦無百年之主至宋高南渡立國百餘年我　太祖方纔混一故曰南龍王方始也或謂雲貴東西廣皆南龍而獨盛於東南何曰雲貴兩廣皆行龍之地前不云乎南龍五支一止于武陵荆南一止于匡盧一止于天目三吳一止于越一止于閩咸遇江河湖海而止不前則必于其處湧躍濆出而不肯遽收宜今日東南之獨盛也然東南他日盛而久其勢未有不轉而雲貴百粤如樹花先開必于木末其髓盛而花不盡者又轉

而老榦內時溢而成薔薇桂等花皆然山川氣寧與花木異故中龍先陳先曲阜其後轉而關中北龍先涿鹿先晉陽後亦轉而塞外今南龍先吳楚閩越安得他日不轉而百粵鬼方也或謂齊魯亦中龍之委也乃周孔而後聖人王者不生意先輩秀頴所鍾多矣曰固然亦黃河流斷其地脉故也河行周秦漢時俱河間入海河間者禹九河之間也故齊魯為中龍自隋煬帝幸江都引河入汴河竟委淮將齊魯地脉流隔尚得太山塞護海東王氣不絕故列侯將相英

賢不乏而聖王不興意以是乎然則我　朝王氣何
如日俱非前代之比前代龍氣王一支惟我　朝鳳
泗祖陵既鍾靈于中龍之滙畱都王業又一統于南
龍之委今長安宮闕陵寢又孕育于北龍之蹕兼三
大龍而有之安得不萬斯年也此余于送徐山人序
中已及之而未詳其說

形勝

自古郡國分治割裂茫乎無據惟我　朝兩都各省
會天造地設險要不易兩都乃二祖創建神謨廟畫

制盡善弗論如出都門以西則晋中大行數千里亘其東洪河抱其西沙漠限其北自然一省會也又西則關中河流與潼關界其東劒閣梁山阻其南番魯臂其西北左渭右漢終南爲宗亦自然一省會也轉而南則蜀中層巒疊嶂環以四周沃野千里蹲其中服岷江爲經衆水緯之或從三峽一線而出亦自然一省會也出峽而東則入楚長江横絡江南九水滙於洞庭江北諸流導於漢水然後入江沅桂永吉袁寧諸山包其前荆山褁其北亦自然一省會也又東

則江右左黃山右匡廬二龍咸自南來迤邐東西南三面環之衆水皆出於本省浸於彭蠡一道以入于江去水來山長江負其後亦自然一省會也五嶺以外爲兩廣廣右又自爲一局三江咸交於蒼梧以東又分梅嶺以東自爲一支以包乎北盡東海爲閩皆大海前遶之亦皆自然一省會也西南萬里滇中滇自爲一國貴竹綫路初本爲滇之門戸後乃開設爲省者非得已也牂牁烏柳諸水散流湖北川東轄制非一盜有由矣獨中原片土莽蕩數千里無山不得

不強畫野以經界之故睢陳以東鳳泗而北兗濟以南人情土俗不甚差殊然兩河河流中貫淮衛爲輔太行在後荆山在前秦山西峙嵩高中起亦自然一省會也山東以太岱爲宗其於各省雖無高山大川之界然合齊魯爲一原自周公太公之舊疆也不入他郡邑矣惟兩浙兼吳越之分土山川風物迥乎不侔浙西澤國無山俗靡而巧近蘇常以地原自吳也浙東負山瀕海其俗朴自甌爲一區矣兩都一統之業自 本朝始南都轉漕爲易文物爲華車書所同

似乎宗周北都太行天塹大海朝宗扼燕魯之吭據戎馬之地似乎成周

附龍江客問

昔在龍城客有問余黔中百粵風氣久不開者余曰江南諸省會雖咸多山然遇作省會處咸開大洋駐立人烟凝聚氣脉各有澤藪停蓄諸水不徑射流即如川中山纔離祖水尚源頭然猶開成都千里之沃野水雖無渚然全省羣流總歸三峽一線故爲西大省獨貴竹百粵山牽羣列隊向東而行粵西水好而

山無開洋貴竹山劣而又無閉水龍行不佳郡邑皆立于山椒水濱止爲南龍過路之場尚無駐蹕之地故粵西數千年闇曶雖與吳越閩廣同入中國不能同躍光明也黔中葢可知矣昔蒙恬被收自嘆曰吾築長城起臨洮負海吾不無絶地脉哉宋徽宗時有人于汴城中夜步月偶鑑盆水駭而嘆曰天星不照地脉巳絶此地不久當爲胡鹵矣此未可以堪輿言少之

風土

南北寒暑以大河爲界不甚相遠獨西南隅異如黔中則多陰多雨滇中則乍雨乍日粤中則乍暖乍寒滇中則不寒不暖黔中之陰雨以地在萬山之中山川出雲故晴霽時少語云天無三日晴地無三里平也粤中之乍暖乍寒以土薄水淺陽氣盡洩故頃時晴雨疊更裘葛兩用兼之林木蓊蔚虺蛇噓吸烟霧縱横中之者謂之瘴癘宜也獨滇中風氣思之不得其故夏不甚熱冬不甚寒日則單夾夜則枲絮四時一也夏日不甚長冬日亦不甚短余以刻漏按之與

曆書與中州各差刻餘又鎮日咸西南風風別不起
東北冬春風刮地揚塵與江北同卽二三百里內地
之寒熱與穀種之先後懸絶星淵地多海子似天造
地設以潤極高之地亘古不潰不堙猶人之首上脉
絡也李月山謂其地去崑崙伊邇勢極高而寒以近
南故寒燠半之以極高故日出没常受光先而入夜
遲也未知然否河汝在江北而暑月之熱反過吳越
蓋夏至日行天頂嵩高之上正對河汝而吳越少偏
也長沙乃衡岳之麓洞庭鄂渚上流而古稱卑濕蓋

其地鹹黃土粘膩不漏故濕氣凝聚謂卑而濕者臆解耳

附龍江客問

客有問余廣右俗冷熱不以寒暑而以晴雨即土人亦不得其說但知此中陽氣太洩故多熱而已而不知其所以然請以土薄水淺之云而申繹之余曰此無他特以地氣有厚薄疎密之故也廣右地脉疎理疎則陽氣易於透露發洩故自昔稱炎方一至天晴日出則地氣上蒸如坐甑中故雖隆冬亦無異于春

夏之日然其地居萬山中山皆拔起純是巖石無寸土之附石氣本寒今走廣右諸洞深入里餘雖六月披裘亦戰慄不自持氣寒故也一至天欲雨則石山輸雲嵐烟岫霧踵趾相失咸挾石氣而升幽寒逼人故雖盛暑亦無異于隆冬之時及夫雲收雨止日出氣蒸乍熱乍寒無冬無暑皆以是故或謂南中同此土也廣右居交廣之內煖氣反發洩過于彼土者何葢他處山少而廣右純山山少者地土相兼脉理本密兼以地皆種植尺寸不遺地氣上升多宣洩于五

穀又糞壅澆溉地面肥饒故窨而地氣不甚洩廣右地氣盡拔爲石山則餘土皆虛業已無石而疎理又滿眼荒蕪百里無人烟十里無稼穡土氣不肥穀氣不分地氣無所發洩安得不隨日上升而散中于人之肌膚也以是知寒暑之故半出于天半出於地風光日色之寒暑出于天者也氣候之寒暑出於地者也地薄而理疎則氣升而多暑地厚而理窨故氣斂而多寒非耑爲方隅南北之故也向讀異域志見陰山沙漠之北萬餘里有其地四時皆春草木不凋者

嘗疑其無有極北愈寒安得爲是說也乃今意誠有之正爲地各有厚薄疎密其果不全係于天與南北方隅之故與若謂寒暑盡出于天則今高山峻嶺之上漸近于天漸遠于地宜其多暑而無寒矣何其山愈高而愈寒豈非土石厚而地氣隔故寒多亦其一驗

猺習

如南倭北鹵西番類多一俗惟西南諸猺種類既繁俗習各別在廣右者曰猺曰獞曰狑曰狪曰狇曰[illegible]

曰狼狑與狪同狄猅少寡俗惟猺最陋猺自謂槃瓠所生男則長髻插梳兩耳穿孔富者貫以金銀大環貧者以雞鵝毛雜綿絮繩貫之衣僅齊腰袖極短年十八以上謂之裸漢用猪糞燒灰洗其髮尾令紅垂於髻端插雉尾以示勇善吹盧笙如鐘大者二人擡一人吹田事畢則十餘人爲羣越村偕其村之幼婦偶歌謂之博新雙三句以上則否女則用五彩繒帛裰於兩袖前襟至腰後幅垂至膝下名狗尾衫示不忘祖也汲水負薪男以肩女以藤繩繫於首垂於背

以行謂男首出槃瓠犬頭也女肩出於高辛公主金
肩也故以輕重別亦造金銀首飾如火筯横于髻謂
火筴釵有裙無褲裙最短露膝婚姻必娶妹姊之女
謂之還頭兄死弟妻其嫂弟死兄亦如之新娶入門
不即合其妻有數鄰女相隨夫亦浼數男相隨荅歌
通宵至晚而散返父母家遇正月旦三月三八月半
出與人歌私通及有娠乃歸夫家已後再不作女子
時歌唱也葬不用浮屠宰牲飲酒而已居室不喜平
地惟利高山男女終身不卧牀亦不知製被惟於内

室造一火爐四圍鋪板中爲炊爨具夏夜投蒿草以燎蚊男女長幼俱集其上新客對臥亦不避嫌也食以糯米炊飯用木盤盛之長幼相聚浣手以摶不用筯碗凡待客以盤盛全牲主人用大剪剪細選美者數臠奉客餘分嘗之病不服藥惟用雞卜宰猪羊牛馬救病鳴土鼓祀神酒用香茅和米造之不愈則傾家焉獞俗男女服色尚青蠟點花斑式頗華但領袖用五色絨線繡花于上居室無問貧富俱喜架樓名之曰欄上人下畜不嫌臭穢娶婦回父母家與猺同

惟耕作收穫四時節令方至夫家至不與言語不與
同宿寄宿于鄰家之婦女一二年間夫治欄成與人
私通有孕方歸任欄大都彝人首子皆他人所生故
彝無無子者其種類不絕以是也葬亦如猺不治衣
衾狑狪俗頗同狇𤞑類稍寡獞性稍馴易制服緣近
民爲城中人佃丁也猺性最惡難馴狠則土府州縣
百姓皆狠民衣冠飲食言語頗與華同其在黔中者
自沅陵至普安二千里總稱曰苗此眞槃瓠遺種如
蔡家仲家其尤者俗輕生喜鬭時調爲兵額髻不巾

短衣褁足言語侏㑩然頗有妻子田畜其在滇者則更夥惟僰人乃六詔遺種世為土著民風俗與漢人不甚差殊羅武形偉駢脇脾目然輕迅慓趫可用戰鬬又喜牧牛羊其婦人取牛羊乳作醍醐為餅餌貿于市中玀玀形狀氣味與羅武近生來齷齪不事梳洗男婦赤脚身穿短裙緣山崖而廬畜豕牧羝惟恃蕎麥燔山以種白㲲性嗜鼠見則羣聚逐之或馳突掘地穴墻必獲而後已又善沒取魚為戲在景東者性好潔四時沐浴窩又之族又異于他種狠心獸性

不可訓治惟穴山燒炭以爲衣食人亦以禽麋視之黑彝形類玀玀善弓弩出入必佩之以扯蘇爲業婦刈男擔散毛都形體服食稍似僰人其婦女間有姿容然跣足妬而多釁此族善耕牧于諸彝中獨稱富贍俄尼之種大率類白彝逐水草而居水中昆蟲蝝蚳之屬并取食之⿱些力⿱些夕好獵任深山不畏寒冷蒲蠻黑面毛頭善能捕捉又蒲人縹人哈剌其色多黑如墨有被殺者其骨亦如之葢黑骨雞類此余所知者其他種類尤多枚舉不盡

勝槩

天下名山大華險絕峨眉神奇武當偉麗天台幽邃雁蕩武夷工巧桂林空洞衡岳挺拔終南曠蕩太行逶迤三峽峭削金山孤絕武林西山借土木之助太岱匡廬在伯仲之間北岳不及嵩高五臺勝于王屋雁蕩無水武夷可舟望遠則峨眉登高則太華水則長江洶湧黃河迅急兩洞庭浩淼巴江險峭錢塘怒激西湖嫵媚嚴陵清俊灕江巧幻至于朝日如輪晚霞若錦長風巨浪海舟萬斛觀斯至矣勝斯盡矣余

皆身試思之躍然

磯島

大江水中石山突出枕水爲磯如燕子三山慈母彩石黃鵠城陵赤壁俱佳采石四周皆水涯流有聲月夜有餘景赤壁三面臨水汪洋抉拖洲渚淺處芳草峙立鷗鷺晴日爲宜燕子僅水遠一方然巘崿奇峭怪石欲飛晴雨雪月無所不可人意

陵墓

陵墓三代前多鼠腊亂璞惟陳州太昊陵左右孕蓍

策堪據亦不聞別有義陵也宅如女媧軒轅諸陵媧皇既葬濟寧乃志媧陵逼閿鄉河側天寶風雨中忽失之乾元復湧出而趙城亦有媧陵松栢最茂壽陵既在曲阜史又云葬橋山橋山上郡也然天下稱禹湖如仙都閿鄉甚夥亦咸云黃帝烏號之地會稽禹陵窆石最神奇矣或云葬衣冠又云藏祕圖楊用修又云蜀有禹穴抑蜀穴生越穴葬也余于汴得倉頡墓聞關中白水亦有之太史謂箕山有許由塚余嘗拜其下乃石椰歲飢諸惡少發之輒令意古有力者

葬此以神術自衛由一瓢猶棄其無石槨與不爲石槨可推已聞平陸有由塚亦稱箕山斬脛河邊樹太師比干之墓而又一見偃師開元中耕者得銅盤銘云右林左泉後岡前道萬世之藏茲焉是寶惟周文武周公陵不失眞余過咸陽望見之未謁及展孔林三墓廟廷檜楷千載手澤如新眞皆造物護持也其在春秋戰國者秦穆公墓今爲鳳翔東南城余與鐳元承履之淒然有三良之感虎丘以虎名丘謂闔閭銅棺銀池犀甲寶劍上騰爲虎氣也或者謂劍池下

又云塔下劍池石湢千尺流泉出焉非人力可施塔不知所自始意或近之秦始皇營驪山巋然大阜規九十餘畝兩墓門猶存其下錮黃泉信哉百里溪南陽人墓其鄉余過臥龍岡覩之傍有七星石亦有天祿辟邪二古篆扁鵲墓湯陰或云其土可療疾道樹有碑季札葬其子嬴博之間而自葬江陰有孔子題銘今亦失要離塚在姑蘇梁鴻欲葬其側鴻去戰國不遠當無謬曹孟德疑塚七十二起講武城星布至磁止陶九成舉元人詩會須盡伐七十二疑塚必有

一塜藏操屍云此詩家鈇鉞也余謂即七十二塜操猶不在操古今奸雄詩人不得說夢也昭烈陵據萬里橋南上有雙樹登之可望城中孔明葬定軍山小說家謂劉文成曾破其機械入之猶不得近內郭誣矣又余登北邙見纍纍然咸周秦漢王侯將相故塜洛人竊古董者掘發十之五今所稱鏡鈸塜爲漢明帝陵也尚坍其東南隅以多所覆壓故不敢入唐則于羅池謁柳子厚墓或亦云虛塜蓋子厚歸葬河東亦又謁鐳叅軍蕢墓蕢勸農墮馬卒于郊柳人就地

葬之當無能歸范陽也宋則于武林孤山謁林和靖墓林生時自營于放鶴亭之傍又西爲岳武穆墓墓前雙檜連理大奇也南宋以後不可枚舉若郭景純墓則遍海內有之不獨金山太末或亦神其說如遇浮屠古刹必稱魯班造云余所見止此

洞壑

道書所載洞天福地在余台者十之一如委羽爲大有空明洞天赤城爲玉京清平洞天括蒼爲成德隱眞洞天蓋竹爲長耀寶光洞天福地則黃岩有石礚

源天台有靈墟有天姥岑今遺踪淹沒多不存僅有其名爾此眞神仙靈秘不以示人至如塵境游玩所稱佳者吾浙則金華三洞縉雲暘谷洞徐州白雲洞蜀中香溪魚洞貴竹飛雲洞滇中臨安三洞郴州立魚洞端州七星洞各負奇境總之不若桂林棲霞尤佳若崆峒元鶴陽羨玉女則余未至河北無洞然地產石薪又晉中葢藏多在土中皆人控而成或至數里者亦彼此乘除之一可笑也

古木

古木千世不數數其甚壽者良有鬼物呵護之孔廟與五岳廟尤較著者岳廟松栢咸輪囷偃蹇扶蘇蔽天日其稱異者則嵩陽三栢漢武帝以將軍封之大者圍五人次三人旁枝尚榮正榦已禿著皮溜雨似無樹色想三代時植乃漢封非漢物也三花樹咸檜蔓以凌霄花達磨未至時有之六祖能又從鉢盂中齎南海栢一枝插之今與三花爲四在初祖菴前廟中木則咸左旋其節謂珪禪師勅嶽神徙之者其手跡故存泰山二松謂泰封五大夫不甚巨而古然非

秦松廟墀一栢一松形怪前一檜左紐如畫門左三栢一菩蕾朧其下而銳上一出地起兩岐咸秀色依依云亦漢武帝東封植也華山上五將軍樹岳廟望見之其一植崖下者與崖上等可百餘尺廟有唐栢五虬枝鐵榦榮樵半其一柯內寄生槐已成抱其異之尤異者則窸白松長十丈十圍丈許上起三岐綠膚傅粉鐵刺遠望之瓊樹也云黃帝葬三女其下孔子手植檜僅與簷齊孑立無枝外瘁中榮紋成左紐云數百年榮一枝榮巳輒落大奇大奇矣則桂林榕

樹根在地上丈許根下虛處穴為城門往來樹則甃麗譙中數蔭亚茂勝國時已稱為榕樹門而後久可知矣又次則白岳石楠盤結掩映如車蓋臨壑對天門而立亦千年物余天台惟松翩如鳳舞首尾翼咸具不甚高一翼覆溪水離尺不沾與漲俱上下唐陛龜蒙有銘盧山寶樹異僧自西域賫種之亭亭如浮屠鳥雀不栖其一白日雙龍挾而拔之余尚覩其臥路側也一存大林寺溪頭若峨嵋山大木如囷如屋苔蘚茸茸滿路衢何止數千歲他如真武榔梅靈隱

月中桂子少林秦封槐涪園荔枝廣陵瓊花問之咸不存黠僧輩往往指贋者以誇游人無辨者子貢楷高數丈蝕而未仆召公祠甘棠止朽株三尺餘華廟唐玄宗繫馬栢亦如之岱廟唐槐燬盡止西北膚尺許雖榮皆不久當淹沒矣

古蹟

古蹟最稱神奇者禹陵窆石孔廟檜峨嵋佛光四明舍利牟彌鎮魚腹八陣少林面壁影石豫章鐵柱華山希夷顱又滇中安寧溫泉傍稱聖水三潮與葉榆

西烏弔山亦皆異境若龜山巫支祈志謂唐李湯以五十牛引出之今不知其在否

碑刻

碑刻古者三代止存岣嶁禹碑與周石鼓文耳秦則李斯斷碑漢蔡邕石經與孔廟中郎碑陳思王碑五鳳二年七字餘俱不可覔即偶存者亦晉唐以後刻耳

樓閣

樓閣自古有名者仲宣樓在荆州城上所見惟平楚

亦非其舊址也太白樓在濟寧州城上濟汶泗水橫絡其前帆檣千百過酒樓下時有勝致及登南昌滕王閣章貢大水西來注北閣與水稱傑然大觀然不若武昌黃鶴樓雖水與滕王來去不殊而樓制工巧奇麗立黃鵠磯上且三面臨水又西對晴川樓漢陽城爲佳總之又不若岳州岳陽樓君山一髮洞庭萬頃水天一色杳無際涯非若滕王黃鶴眼界可指故其勝爲最三樓皆西向岳陽更雄

書院

宋以嵩陽石鼓白鹿岳麓爲四大書院今嵩陽廢岳麓蒸濕石鼓爽塏會二江之流形勝佳白鹿林木陰森爽塏不如石鼓而幽雅過之南則報恩靈谷牛首栖霞北則香山碧雲天寧功德杭則靈隱淨慈汴則少林濟則靈岩滇則太華三塔廟則孔廟東西南北四岳廟宫則淨樂玉虚紫霄南巖遇真五龍六宫俱不在祈年望仙之下

蠱毒

蠱毒中州他省會所無獨閩廣滇貴有之余行廣右

見草有斷腸物有蛇蜘蛛蜥蜴蜣螂食而中之絞痛吐逆十指俱黑遠發十載近發一時吐水不沉嚼豆不腥含礬不苦皆是物也又有挑生蠱食魚則腹變生魚食雞則腹孕活雞滇畜蠱最衆不甚害人其神多蛇蟾騾馬之狀取死兒墳土灑牀下置蠱神于上其土或化爲錢貝又觀李月山叢談云廣南中夔人多能變爲猫犬三宣外一種婦人亦能之夜攝人魂魄食其屍騾爲人捕則不能化其本形孟密所屬地竿寨亦有撲地鬼能易人心肝腎腸及手足而人不

知離寨而死剖腹多木石余訊之迺西材官曾督兵至其地者亦云然然皆聞而未見徐君羽又爲余言昔在延安親閱一牘中蠱者胃生土一塊土內生稻芒針刺心而死名稻田蠱然則北邊固亦有之

仙佛

仙佛儒者强斥之乃多有示現世間者如雲臺身相或云眞武化生每歲士女咸爲梳髮漸落漸生全州湘山佛頂而髯目光如點漆或云無量壽佛化生丙戌年始燬或亦云其去時所授記也近曇陽子示化

自云曇鸞轉生余鄉比丘肉身天台有懷榮臨海有懷玉咸數百年不壞腐儒何得槩斥之第此四大二氏以爲假設咸焚而棄之而此數輩獨存想神力顯化爲度人設

功德

功德世世在人者如周孔禮樂亡論若大禹河洛而下則秦皇漢武亦不得而終沒之也余行粤西見諸土官日逐干戈糜爛其民無時休息民生居土州縣者曾不及中土一猶犬䗶蟲乃知秦始皇郡縣之功

在萬萬世也其所全活後世人足贖驪山阿房長城五嶺數百萬命長城今雖沒特諱其名爲邊墻今制亦其遺也即今所用尊君卑臣禮亦不能易漢武以前兩浙八閩二廣咸夷也武帝奮武撻伐用夏變夷于江南亦有萬世功不得槩以爭伐貶之其他則如蜀守李冰鑿離堆導汶至今千谿萬瀆蜀之千里沃野賴此也馬伏波征交南立銅柱以誓交廣是處頌而祀之即足跡未至者亦皆表其遺蹟諸葛孔明平南七擒七縱滇人至今如天威在極緬莽萬里猶立

其碑藉口稱漢地餘者近或不能易世遠或不能易
姓

物產

物產出於土咸造化精英所孕其氣聚多偏如幽并關陝寒產牛羊馬駝閩廣熱產荔枝荆楚澤國產魚粵西瘴產木巴蜀多產奇物滇雲又產珍物蜀木有不灰石有放光又有空青鹽有鹽井油有油井火有火井咸水脉自成而火出于水尤爲奇怪滇金銀銅錫隨地而生永騰外又產墨石水晶文犀象齒瑪瑙